普天之下・盡是好書

普天出版家族
Popular Press Family

淩雲文創
A-Plus Creative Company

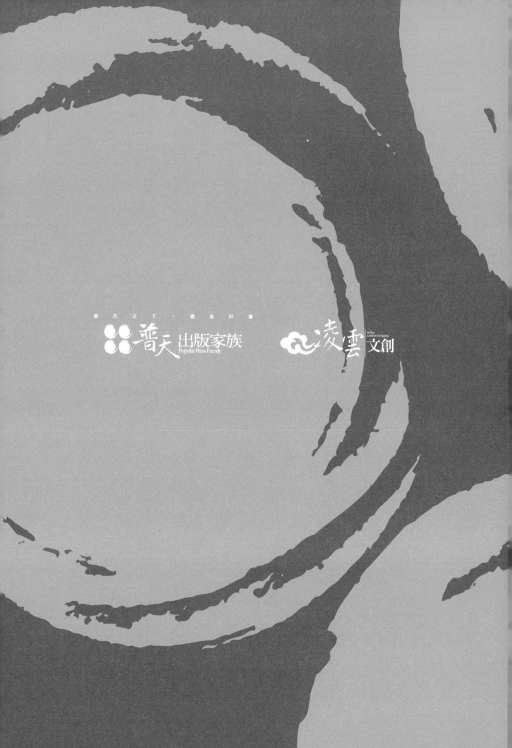

改變情緒，就能改變自己

不用情緒解決問題，才能化阻力為助力

Can't solve the Problem while being angry

千江月 編著

俄國文豪托爾斯泰曾說：**「憤怒或許對別人有害，但是，憤怒時受傷最深的其實是你自己。」**負面情緒無法改變你的處境，只會讓你喪失理性與冷靜。人要學會放下負面情緒，在失意、挫折中改變自己，唯有放下憤怒、怨懟、忌恨……等等心理，控制自己的負面情緒，人生才可能豁然開朗。

• 出版序 •

改變情緒，就能改變自己

對自己所擁有的東西心存感激，人才會有動力去追求那些自己所沒有的。一味的自怨自艾，只會讓自己兩頭都落空。

激勵作家伯頓曾經說過：「如果世上有地獄的話，那就在人們憂慮的心中。」

確實如此，如果你不想讓自己整天活在「地獄」之中，就千萬別爲過去懊惱，也別爲未來擔憂，更別用根本還未發生或已經發生的「小事」來折磨自己。

生活中難免會有諸多令人感到痛苦和煩惱的瑣事，但是，除了煩憂之外，人生中還有更多值得開心、讚頌的美好事物等待我們去發掘。既然如此，又何必執著於眼前惱人的小事，放棄讓自己快樂的權利？

一味鑽牛角尖，只會讓自己每天苦不堪言；唯有放開胸懷，生活才能過得坦然自在。

露西莉．布萊克在某次心臟病友研討會中，講述了自己的心路歷程。

露西莉說，她一直是個喜歡熱鬧的人，在亞利桑那大學學風琴，在城裡開了一間語言學校，還在她所住的牧場上教音樂欣賞的課程，而且每天都會參加各種宴會。

突然，有一天早上，她的心臟病發作，整個人頓時垮了下來。

醫生診斷完之後，對她說：「妳必須躺在床上，好好地靜養一年。」他沒有對露西莉說任何安慰鼓勵的話，讓她相信自己還能夠好起來。

躺在床上一年，也許還會死掉，這個消息讓她嚇壞了！

「爲什麼我會碰到這樣的事情呢？我到底做錯了什麼？」露西莉每天躺在床上又哭又叫，心裡充滿了怨恨。

就在這個時候，她的鄰居魯道夫先生來探望她，並對她說：「妳覺得要在床上躺一年是件不幸的事，可是換一個角度想，妳整整擁有一年的時間可以思考，可以好好地認識自己。在這一年裡，妳的成長，也許會比妳之前的人生還要多。」

魯道夫的話讓露西莉平靜了下來，決定從此只專注於那些她擁有的，而不是她失去的東西。每天早上一起來，她就強迫自己想一些應該心存感激的事情，例如，她有一個很可愛的女兒，她的眼睛看得見，耳朵聽得到，收音機裡播放著優美的音樂……此外，她有很多時間看書，吃得很好，有很好的朋友，而且來看她的人很多。

露西莉說：「從我心臟病發到現在已經有九年了，我現在過著比病發前還要豐富的生活。我非常感激躺在床上的那一年，因為它讓我每天早上想著自己所擁有的人事物，這個習慣是我最珍貴的財產。」

威廉．拉爾夫曾經這麼寫道：「憂慮的利息在到期以前，是由煩惱來支付。」

生活固然是苦與樂的循環，但是，痛苦和快樂往往來自一念之間的轉換。

要是一味鑽牛角尖，自然無時無刻都活在地獄；如果能轉換念頭，放開胸懷，用更正面積極的態度看待眼前的挫折與磨難，便能笑看人生，不再爲無謂的小事痛苦。

不要爲了小事浪費生命，也不要用負面的情緒折磨自己！

大多數的痛苦，其實都來自於錯誤心態與偏執的想法，不願面對，不願放下，最後當然成爲生活的囚徒。其實，只要願意改變，就能讓自己活得快樂，不再爲了小事痛苦不已。

很多時候，只要懂得轉換念頭，就會發現許多事實在不值得煩憂，不值得你自怨自艾；你的心，也會因爲一個轉念，變得堅強成熟。

人生不可能事事都順心如意，何必讓負面情緒折磨自己？如果總是時時懸念著自己沒有或失去的東西，久而久之，連現在所擁有的都會慢慢失去。

對自己所擁有的東西心存感激，人才會有動力去追求那些自己所沒有的。一味的自怨自艾，只會讓自己兩頭都落空。

PART—1 不要讓眼前的遭遇束縛自己的未來

維克多·弗蘭克說：「不管在什麼情況下，你都有選擇自己態度的自由，選擇如何面對未來的自由。」

PART—2

人生的遠景充滿無限可能

俄國作家契訶夫說：「路是人的腳步走出來的，為了多闢幾條路，必須往沒有人的地方走去。」

PART—3

看法會決定你的做法

皮爾博士在《人生的光明面》裡說：「逆境會使人變得更加偉大，也會使人變得十分渺小，它從來不會讓人保持原來模樣。」

PART—4

你可以選擇走向不同的人生道路

德國思想家歌德在《感想集》裡寫道：「能把自己生命的終點和起點連接起來的人，是最幸福的人。」

PART—5

煩惱，都是因為自己胡思亂想

如果我們在面對各種競爭時，內心仍然可以優游自得的話，那無論外在環境如何變遷，我們自然就能以冷靜的態度來面對。

PART—6 何不換個心境面對人生？

海倫．凱勒曾說：「如果一個人從他的庇蔭所被驅逐出來，他就會去造一所塵世的風雨所不能摧殘的屋宇。」

PART—7

你的人生只是夢幻泡影？

丹麥詩人皮特海因曾說：「人唯有像樹木一樣自然成長、飽經風霜，才能根深葉茂。」

PART—8

為自己製造貴人

當你身邊環繞的都是因你而成功的人時，你成功的機會還會少嗎？在成為別人貴人的同時，也正是為自己製造了一個貴人。

PART—9

缺少勇氣，就無法創造奇蹟

歲月給了我們智慧，卻抹滅了我們的勇氣；失去了勇氣之後，我們做事就不會拚盡全力，自然也就無法再創造出奇蹟。

PART—10

希望是自己最好的投資

每個人在歷練人生的過程裡，不如意的遭遇是難免的，在這個時候，希望就是幫你從不如意的泥沼中掙脫的繩索。

PART—11

有耐心的人，才能獲得最後勝利

沒有耐心，只想以最快的速度達到目的的話，結果不但會一無所得，還白白浪費了自己的能力。

PART—12

把快樂的方向盤掌握在自己手上

真正的快樂應該發自於內心，如果你的心是朝著快樂的方向，那麼，不管環境如何變化，快樂永遠掌握在你的手上。

1

PART

不要讓眼前的遭遇束縛自己的未來

維克多．弗蘭克說：「不管在什麼情況下，你都有選擇自己態度的自由，選擇如何面對未來的自由。」

不要讓眼前的遭遇束縛自己的未來

維克多・弗蘭克說：「不管在什麼情況下，你都有選擇自己態度的自由，選擇如何面對未來的自由。」

很多人會說人生充滿無奈，大部分時候根本由不得自己去做選擇，因而把一切都歸諸於機遇。

你也是這麼宿命地認爲嗎？

其實，機會是人創造出來的，還是老天註定好的，本身就是一種選擇，你可以選擇聽天由命，也可以選擇跳脫命運的束縛。

尼克勞斯曾經寫道：「心無罣礙，才能讓自己海闊天空。」

在人生的過程中，所有阻擋我們的障礙，都是心中的罣礙。當我們面對人生的困境時，只要懂得先掃除心中的罣礙，那麼所有擋在眼前的絆腳石，都會成爲人生道路的墊腳石。

國際著名的精神分析專家維克多．弗蘭克，由於猶太人的血統，在第二次世界大戰時曾被關進德國集中營。

他曾是傳統心理學派下長大的宿命論者。傳統心理學派認爲，一個人的品格和性格從小就已經奠定，而且也會決定人的一生，人的造化在出生之時就大勢已定，永遠也走不出這個定數。

弗蘭克被關進納粹集中營後，遭受到種種凌虐，他的父母、兄弟和妻子，不是死於集中營裡就是被送進了毒氣室。

弗蘭克時常遭到拷打和侮辱，心裡也擔心著自己不知道什麼時候會走進毒氣室。

一天，當他被剝去衣服，單獨囚禁在一間窄小的牢房裡，在驚慌失措的冥思時，他開始意識到了自己還擁有「人類最後一點自由」，這種自由是蓋世太保無法剝奪的。

蓋世太保可以控制他的生存環境，他們可以對他的肉體百般淩辱，但是無法剝奪他的思想，他可以像一個旁觀者那樣注視著自己正陷入的境遇。

他可以由內心來決定如何面對這一切，在他身上發生的事情，不管如何屈辱、悲慘，他都可以選擇自己要做出哪種回應。

每當遇到殘酷的虐待，弗蘭克就會設想自己處在不同的環境中，想像自己從集中營脫困出來，或是想像和家人團聚的景況。他試著改變、調適自己，告訴自己一定還有機會，因爲他的思維能自由飛翔。

通過這樣的自我鍛鍊，漸漸的，他覺得自己比看守他的納粹獄卒具有更多的自由。因爲他發現，表面上這些獄卒可以行動自由，但是在心靈上他們卻是被囚禁的。

也因此，他成爲周圍囚犯的力量源泉，他幫助同伴尋找到受苦的意義，尋找到活下去的勇氣。

二次大戰後，重獲自由的弗蘭克說：「生命當中，只有一種東西是不可剝奪的，那就是不管在什麼情況下，你都有選擇自己態度的自由，選擇如何面對未來的自由。」

確實如此，任何時候我們都可以自由的選擇，對於生活我們也有選擇的權利，選擇改變平庸的生活，選擇生命如何過得精采。

相信自己就是生活的主宰，知道自己必須掌握生活的主導權，就能做下每一個影響未來的決定。

也許，你有一段難以言喻的不幸過去，但是要記住，千萬不要讓過去束縛你的未來。要記住，你的一生都掌握在自己的手裡，如果你不滿意現在的生活，那就趕快改變自己的生活態度，重新選擇自己的人生。

有正面的思想就不會被環境影響

真正困擾我們的，並不是那些糟糕的情況，只要能改變想法，就能改變感覺，繁瑣的事情便不能影響自己的心情。

當我們心情愉快時，看到任何事情都會覺得很愉快。踩到狗大便，也會安慰自己今天一定會很幸運，得趕緊去買一張樂透；坐公車搶不到位置，就當作敬老尊賢，順便減肥；被路過車子濺起的水花潑濕，就當遇水則發。

可是心情不好，就算另一半帶著討好的面容站在你面前，也會覺得他看起來很討人厭，幹嘛那麼嘻皮笑臉。

想法影響感覺，能控制自己的想法，就能掌握自己的感覺。

一位九十二歲高齡的老太太，在小她幾歲的丈夫去世不久後，不得不搬離兩人的家，住進養老院安享晚年。她每天都非常早起，在五點鐘前穿戴完畢，並將頭髮梳成時髦的樣式，就連臉上的妝也毫不馬虎，仔細做好每一道程序。然而，實際上她早已雙目失明。

在她正式搬入養老院那天，在大廳等候了數小時。直到有人告訴她，房間已準備就緒時，原本平靜的表情，剎那間露出甜美的笑容。她操縱輪椅緩緩進入電梯，隨著護士小姐的引導走向房間。一路上，護士小姐對她那小小的房間進行一番仔細的描述，包括掛在窗戶上那鑲有小圓孔的窗簾。

「我很喜歡！」她說道，流露出的神情就和孩子得到一隻小狗一樣歡喜。

「瓊斯夫人，您還沒有看到您的房間呢。」護士小姐輕聲地告訴她。

「這和看不看沒有什麼關係，」她回答：「快樂是你事先決定好的。我喜歡或不喜歡我的房間並不取決於家具如何安排，而在於我怎樣安排自己的想法。我已經決定喜歡它了！」

有一個愛狗人士曾經說：「以前的我非常討厭狗，只要看到牠們，我就渾身不自在，恨不得把牠們趕得遠遠的。有一天，當我決定要好好愛牠們時，牠們突然變得很可愛，每一隻看起來都非常友善。」

每天起床時，我們有機會決定要用什麼樣的心情來面對今天。「好討厭喔，又要開始忙碌了」，或者「又是新的開始，我要好好努力」的想法，都能影響一整天的心情和感覺。

瓊斯夫人選擇了後者。就算失去丈夫，離開甜蜜的家進入養老院，她也選擇好好度過餘生，喜歡自己即將進入的環境，而不是感傷晚年，用凄涼的心情迫不得已接受。眞正困擾我們的，並不是那些糟糕的情況，而是用何種觀點看待。把它想成好事，就會成爲好事。

只要能改變想法，就能改變感覺，繁瑣的事情便不能影響自己的心情。

越是在意，越容易遇到阻力

別讓自己的生活重心放在沒有意義、自添煩惱的事物上，把這種力量用在好的地方，反而會成為一種助力。

看完恐怖片的夜晚，有些人就像平常一樣呼呼大睡，有些人則會害怕到整晚開著大燈，無法入眠。

在後者的腦海中，不斷回憶電影片段，每一個恐怖的場景，一次又一次重播，也一次又一次的嚇自己。

你的注意力放在哪裡，那些被注意的焦點就會放大。要將注意力擺在正面或負面，就得靠個人的智慧來選擇了。

有一位年輕的汽車業務經理，有著人人羨慕的光明前途，可是心裡卻非常消沉。他總認爲自己快要死了，甚至還選購一塊墓地，爲自己的葬禮做好一切準備。家庭醫生勸他多休息，輕鬆過生活，暫時離開熱愛的銷售汽車事業。

這位經理在家裡休息了一段時間，但是恐懼仍在，心裡還是不安。他的呼吸變得更加急促，心跳得更快，喉嚨仍然時常梗塞。

醫生勸他到科羅拉多州度假。

科羅拉多州雖然有壯麗的高山、新鮮的空氣，但仍無法阻止這位經理陷入無盡的恐懼中。一週後，他回到家中，覺得死神即將降臨取走他的性命。

「打消你的猜疑！」一位老朋友告訴這位經理：「不如到明尼蘇達州羅契斯特市，一間名叫梅歐的診所。在那裡，你可以徹底弄清病情。這樣做對你沒有任何損失，立即行動吧！」

按照建議，他到了羅契斯特市。一路上，經理都非常害怕自己會死於途中。

梅歐診所的醫生爲他做了全面檢查。結果出來後，醫生告訴他：「你會不舒服是因爲吸進過多的氧氣。」

經理這才放心，笑了起來：「竟然是這樣，我眞是太愚蠢了！那該怎麼治療這種狀況呢？」

醫生說：「當你感覺呼吸困難、心跳加快時，可以向一個紙袋裡呼氣，或者暫時屏住氣息。」

醫生遞給經理一個紙袋，他照吩咐做後，心跳和呼吸果然變得正常，喉嚨也不再梗塞了。當他離開時，已經是個愉快的正常人了。

此後，每當症狀發生時，他總是屏住呼吸一會兒，讓身體恢復正常。當他不再恐懼時，症狀也隨之消失。

當你把注意力放在某個地方，情緒易被這些注意力左右。例如，和喜歡的人同處一室時，即使無法接近對方，整個空間也會因爲這份喜歡而變得更可愛，任何事看起來也會順眼多了。

相反的，將注意力放在負面的事物上，也會造成同樣驚人的效果，更會在無形中，增加身心的負擔。

其實，經理得的是一種心病，他總想著「我快要死了」，身體接受他的暗示後，也跟著出現這些假想出來的病狀。很多人的情況也是一樣，患的都是心病，一旦解除了心病，健康自然跟著改善。

別讓自己的生活重心放在沒有意義、自添煩惱的事物上，把這種力量用在好的地方，反而會成為一種助力。

與其報復，不如祝福

原諒一個人並不容易，但是不原諒一個人，卻會為自己帶來更大的傷害。面對情感上的困境，唯有放手能為自己帶來最大的救贖。

有個男孩因爲初戀對象劈腿，心靈深受打擊，重重受到創傷。從此以後，他再也不相信愛情，甚至帶著報復的心情看待感情。他依然談戀愛，只是不再眞心付出，就當成遊戲一場。他擁有很多段短暫的戀情，也可以同時進行，不管對象是好是壞，眞心與否，他都不在意。

看著本性善良、條件又好的他，卻這樣糟蹋自己和別人，常常會爲他感到惋惜。無法原諒、無法放下，讓他無法珍惜、擁有身邊的「有情人」！

原諒別人，其實是救了自己。

一個陽光明媚的早晨，格蘭正整理著禮品店裡各式各樣的禮品和鮮花時，一位年輕人走了進來。他臉色陰沉，瀏覽店裡的禮品和鮮花，最後將視線停在一個精緻的水晶烏龜上。

「先生，請問您想買這件禮品嗎？」格蘭親切地問。

年輕人眼神冰冷地點頭，開口問：「這要多少錢？」

「五十美元。」格蘭回答道。

年輕人聽完，毫不猶豫掏出五十美元甩在櫥窗上。格蘭感到很奇怪，從禮品店開業以來，還沒遇過這麼豪爽、慷慨的買主呢！「先生，您想將這個禮品送給誰呢？」格蘭試探地問了一句。

「送給我的新娘，我們明天就要結婚了。」年輕人冷漠回答。

格蘭愣了一下，心想要送一隻烏龜給自己的新娘，豈不是在婚姻上安了一顆定時炸彈？格蘭沉重地想了一會，對年輕人說：「先生這件禮品一定要好好包裝，才能爲新娘帶來更大的驚喜。可是現在沒有合適的盒子，請明天再來取好嗎？我一定會盡快爲您趕製一個漂亮的禮品盒！」

「謝謝！」年輕人說完轉身就走。

第二天清晨，年輕人很早就來到禮品店，取走格蘭爲他趕製的精緻禮品盒。他走進結婚禮堂，快步跑到新娘跟前，雙手將禮品盒交給新娘，然後迅速地轉身跑開，淚水從他臉上流下，因爲新郎不是他。回到家後，他開始後悔自己的舉動，並害怕接到新娘憤怒與責怪的電話。

傍晚，新娘打來了，開口就說：「謝謝你，謝謝你送我這樣好的禮物！謝謝你終於接受這件事，也能原諒我……」電話一頭高興且感激地說著。

年輕人疑惑萬分，可是什麼也沒說。掛斷電話後，跑到格蘭的禮品店，一推開門，他驚訝地發現，那隻精緻的水晶烏龜依舊靜靜躺在櫥窗裡！

明白一切後，年輕人望向格蘭，格蘭平靜地對年輕人微笑。年輕人冰冷的面孔終於在這瞬間軟化，帶著感激與尊敬的神色對格蘭說：「謝謝妳！我懂得了諒解別人的眞正意義，讓我又重新找回了我自己。」

原來，格蘭將水晶烏龜換成一對代表幸福和快樂的鴛鴦。她沒想到這個簡單的舉動，能在短短時間內，徹底融化一顆冰冷的心。

原諒一個人並不容易，但是不原諒一個人，卻會爲自己帶來更大的傷害。我們總以爲報復、責怪、羞辱一個人，能讓自己好過一點。殊不知，當我們做這件事時，就是再一次回憶當初被傷害的感覺。

只是這麼做，心靈不但沒有因爲報復而得到快感，在反撲之後，反而會加倍回到自己身上。痛恨對方的情緒，只會成爲自己更沉重的負擔。

有時候，最難以原諒的人，往往就是你最該放手的人，別讓自己被他抓住了！

面對情感上的困境，唯有放手與原諒，能爲自己帶來最大的救贖。

適度休息，才不會不堪一擊

或許現實讓我們無法做到放慢腳步，但是至少可以在休息時間好好呵護自己，讓身心休息，別讓靈魂追不上疲憊的身體。

爲了追上生活的腳步，我們總是不停往前走，連跑帶跳，讓自己累個半死。好不容易熬到休息時間，心裡惦記著的，還是那堆尚未完成的事情，下一步該怎麼做、還有什麼要交代……就算身體停下來，腦袋的思緒仍然不停往前跑，忘了腦袋也該休息。

有人懂得忙裡偷閒，讓自己趁機休息。有人該放鬆時卻不放鬆，煩惱著一堆雜事。如果休息是爲了走更長的路，試問這兩者，誰會有較好的表現呢？

有一個探險家到南美叢林中，尋找古印加帝國文明的遺跡。他僱用幾個當地人作爲嚮導和挑夫，一行人浩浩蕩蕩朝叢林的深處走去。

那群土著的腳力過人，儘管背著笨重的行李，仍是健步如飛。在整個隊伍的行進過程中，總是探險家先喊著需要休息，讓所有土著停下來等他。

探險家體力雖然跟不上，但仍然希望能夠早一點到達目的地，實現一生的願望，好好研究一下古印加帝國文明的奧秘。

到了第四天，探險家一早醒來，便立即催促挑夫打點行李，準備上路。不料，領導土著的翻譯人員卻拒絕行動，讓探險家勃然大怒。經過詳細的溝通，探險家終於了解，這群土著自古以來便流傳一項神秘的習俗：趕路時竭盡所能，拼命地向前衝，但每走上三天，便需要休息一天。

探險家對於這項習俗好奇不已，嚮導很莊嚴地回答探險家的疑惑：「那是爲了讓我們的靈魂能夠追得上趕了三天路的疲憊身體。」

探險家聽了嚮導的解釋，心中若有所悟。沉思了許久，終於展顏微笑，心裡深深地認爲，這是他這一趟旅行當中，最大的收穫了。

多數人習慣了忙碌的生活，一停下來就會感到恐慌。就像一個人在都市生活久了之後，到了步調較緩慢的小鎮，會有適應不良的現象發生。

因爲已經習慣了緊繃著身體，鎮日忙碌的生活，一旦停下來，就會突然失去方向，不知道自己該做些什麼，這是非常可悲的一件事。

人不是機器，是一個生命，不該連靜心的時間都沒有。

或許現實讓我們無法做到放慢腳步，但是至少可以在休息時間好好呵護自己，讓身心休息，別讓靈魂追不上疲憊的身體。

十九世紀美國詩人溫德爾說過：「休假時，無法開懷玩樂的人，也無法盡心工作。」該休息時好好休息，該趕路時拼命趕路的人，才能像顆充滿電的電池，持久、耐用。

每一天都要把握，才算眞正活過

沒有人知道自己能活多久，會不會下一刻就離開人世。唯有好好把握每一天，才算擁有生命，才算真正活過。

有一則笑話是這樣的：

教授在某次上課問學生：「如果你只剩下三天可活，你想做什麼？」

正當很多同學竊竊私語、彼此討論時，一個學生勇敢舉起手來發言：「我想繼續上您的課。」

教授聽了非常感動，問他爲什麼。學生正經八百答道：「因爲上您的課，會讓我有度日如年的感覺。」

在哈哈大笑之餘，你是否也曾想過這個問題：「當生命只剩短短幾天可活之時，我想做什麼？」

某位知名作家有一個做證券生意的朋友，每天都在外奔波，很難見上一面，只能藉著電話聯絡彼此。

有一天晚上，這個朋友打電話給作家，兩人天南地北地聊起天來。

朋友突然問作家：「如果只要花一塊錢，就可以買到你哪一天會死去的訊息，你買不買？」

作家想了想，肯定地回答：「我不買。」

朋友問道：「爲什麼？」

作家答道：「人生最大的痛苦莫過於知道自己哪天會死，並等待著那一天的來臨。我認爲，最好的死亡方式是讓死亡突然間來臨，人們還來不及思考什麼時，生命就突然終止。」

朋友沉默片刻，電話那端卻有不同的感想，他輕聲說：「可是，我買。」

作家好奇地問：「爲什麼？」

朋友回答：「如果死亡眞的突然來臨了，許多想做的事和最喜歡做的事還沒完成，我會很遺憾，不想把它們帶進墳墓裡。不過，我也不需要太早知道，提前十天讓我知道就行了。」

作家問道：「那麼你想怎麼去用這十天呢？」

朋友答道：「五天的時間給我的家人，好好陪他們。整天忙著開會、簽約，一年難得回家幾次，我覺得對妻子和女兒很愧歉。我曾答應她們，等公司業務穩定了，就陪她們去歐洲度假。可是公司的業務一直在發展，結果一拖再拖，始終未能實現承諾。剩下的五天則給我自己，做一些平常想做，卻沒時間做的事，比如，開著車去嚮往已久的地方散心。」朋友的聲音有些輕顫。

作家聽完笑說：「這些事並不難，爲何不現在就擠出一點時間去做呢？」

朋友嘆了口氣：「現在眞的很忙，沒有時間啊！」說完停頓了一下，又加了一句：「或許我不應該等那最後的十天來臨，才去做那些事！」

想讓生活過得更幸福、更積極，就必須鞭策自己採取行動，以實際的做法讓每一天都是生命中的傑作。

有些人總是以「沒時間」、「以後再說」爲藉口，讓許多計劃隨著時間付諸流水。這些持著冠冕堂皇理由的人，眞的有時間時，會去做那些事嗎？或者，那只是掩飾自己惰性的藉口呢？

英國詩人撒姆爾．約翰生曾說：「人生短暫，已不容許再浪費時間。」

沒有人知道自己能活多久，會不會下一刻就離開人世。唯有好好把握每一天，才算擁有生命，才算眞正活過。

把慾望當作努力的方向

因為想要得到某種利慾的心願而奮發圖強，把它當成一種目標和理想督促自己，就可以得到光明的未來。

如果你沒什麼錢，可能偶爾吃個大餐，就能滿足自己。可是，如果你是個億萬富翁，要的只有一頓大餐嗎？

有多少金錢，就會產生多大的慾望。這就是爲何善良的靈魂，在一夕致富後，往往會失去靈魂的原因。

有一位心理學教授帶領學生在街頭就人們對金錢的慾望進行調查。看到向過往行人要錢的乞丐，設定他爲調查對象。說明來意，談好報酬後，他們對乞丐提出明確要求：對提出的問題要確實回答，心裡怎麼想，嘴上就怎麼答，如果斷定出說假話，將酌情從報酬中扣除。

教授問的第一個問題是：「如果你現在有十塊錢，你最想做的是什麼？」

乞丐立即回答：「我會先到速食店買一隻烤雞，兩瓶啤酒，再找個安靜的角落痛快享用，然後在涼爽微風中睡個覺。」

「如果你現在有一百元呢？」教授接著問。

乞丐答道：「買上兩隻烤雞，三瓶啤酒，把在地鐵口要錢的朋友叫來，好好吃上一頓。然後找間旅館，痛痛快快地洗個澡，再好好睡上一覺。」

「如果你現在有一千元呢？」

乞丐一愣，接著很難爲情地答：「從小到大，我從來沒有一千元過。」

教授很嚴肅地說：「現在是假設，讓你說的是假設。」

「那我會去買一套好衣服，像你們一樣體面地走在大街上，四處逛逛、看看風景，不再睡街頭看人臉色。」乞丐很心酸地回答。

「如果現在你有一萬元呢？」教授急切地問他。

乞丐一聽精神大振，挺起胸膛高興地回答：「我會馬上回老家，蓋棟新房子，買一塊好地，春夏種種莊稼，冬天打打麻將。」

「如果現在你有十萬元呢？」教授急切地問他。

乞丐微微一愣，幸福頓時溢滿臉龐，喜孜孜走到教授身邊，悄悄地說：「和城裡的有錢人一樣，穿金戴銀，住別墅，開小車，帶著美人兒到歌廳唱唱歌。只要天下有什麼樂事，我都想嘗試。」

教授和學生們給了乞丐一百元作爲報酬。可是乞丐拿到錢後，並沒像他所說的立即奔向速食店，而是笑瞇瞇地看著教授，彷彿在問：「還有什麼問題？還會給多少錢？」

這是一則有趣的實驗，眞實呈現出，人們的慾望會因爲「財富」而轉變。就好像以下這個寓言。

撒旦想要讓一個善良的靈魂變邪惡，成爲自己的手下。他用盡各種方法，花了很長的時間折磨這個善良的靈魂，可是一點效果也沒有。這時候，某個在人間遊蕩的小鬼告訴撒旦一個秘訣：「你只要給他很多錢，讓他成爲大富翁，不久他的靈魂就是你的了。」

接受小鬼的提議後，沒幾個月，撒旦果然得到這個靈魂。

有人說：「利慾會使一種人蒙蔽雙眼，卻會驅使另一種人去開拓光明的前程。」然而，換個角度想，假設人們的行爲眞的可以因爲某種慾望受到驅使，這不也是一種成功的推手？

因爲想要得到某種利慾的心願而奮發圖強，把它當成一種目標和理想督促自己，就可以得到光明的未來。

反之，若因此利慾薰心，爲非作歹，那麼等在前面的只有失敗。

2

PART

人生的遠景
充滿無限可能

俄國作家契訶夫說：「路是人的腳步走出來的，為了多闢幾條路，必須往沒有人的地方走去。」

藉由分擔來紓解心上的負擔

為自己的人生選擇，而最好的選擇，就是藉由幫助其他的人來分擔彼此的哀傷，分享彼此的快樂。

人生旅程中，有許許多多酸甜苦辣的滋味匯聚在一起，形成了一種沉重的負荷。生命的重擔，若想一肩挑起，如何挑法，攸關我們能夠承擔多少結果。

仔細觀察載運行李的騾馬，主人往往在一側掛滿了行李貨物，另一側還要再加掛上一個大石塊，如此騾子或馬匹便能負載平衡，反而輕鬆。要是到了下個集市又採買了另一堆貨物，就可以替換掉大石塊。

非洲人習慣以竹竿挑擔，也會在竹竿的一端綁上石塊，以肩膀當支點，來平衡所需挑載的物品。

雖然這種方式很笨——爲什麼不把貨物分成兩份，硬要找石頭增加負擔，但是，這些例子說明，同樣的貨物，只放在擔子的一端和平分於兩端，挑起來的結果與感受是截然不同的。

再舉一個簡單的例子，以單手提握和將重量平均分攤於兩手，明明面對的是重量相同的物品，兩手提握的感覺總是會輕省許多。

除了實際的重量可以利用均分方式省力，精神方面的壓力也可以借用分散注意力的方式。

巴特勒女士意外失去了她的小女兒。一天晚上她的女兒飛奔到陽台上歡迎她回家，結果衝力太大，不小心衝出陽台，墜樓身亡。巴特勒女士一時間難以接受，精神幾近崩潰，過於悲痛的結果，整個生活全然走樣。

有一天，社工人員帶了一位老太太來看她。這位老太太負責主持一個慈善機構，專門協助收容流浪街頭的幼童，幫助他們找到新生活。

老太太對巴特勒女士說：「妳成天待在這裡哭也不是辦法，不如來幫幫我吧，我年紀大了，實在照顧不了四十幾個孩子。妳需要勞動來忘懷憂傷，而他們需要人照顧來遠離顛沛流離的生活，你們彼此需要。」

巴特勒女士同意了老太太的建議，從照顧流浪街童的工作中，重新找到活下去的力量。她將這些孩子當成自己的孩子來關懷，就好像關懷她那來不及長大的小女兒一樣。

她終於明白，當自己願意改變心情，自己心裡的哀傷便在無形中減輕了許多，走出陰霾的同時，更可以爲別人帶來陽光。

雖然我們總希望能擁有一個快樂又美滿的人生，但卻始終無法避免生命裡的悲傷時刻，爲失去悵然、爲不公憤怒、爲分別難過，也爲錯誤悔恨。我們無法逃避這些哀傷，但至少，我們能選擇用不同的方式去面對心底的傷痛。

英國哲學家培根曾經說：「如果你把快樂告訴一個朋友，你將得到兩個快樂；如果你把憂愁向一個朋友傾吐，你將被分掉一半憂愁。」

像故事中的巴特勒女士，她原本獨自一人傷心，每一天的生活都在提醒她失去了什麼，沒有辦法走出那些令人傷懷的情緒，只能不斷地難過哭泣。可是，收留街童的老太太卻給了她另一種選擇，她可以轉換心情，用另一種較健康的方式來排解自己的哀傷。

不再哭泣，並不代表忘懷了令人傷痛的事件，而是讓自己得以透過不同的形式來處理負面情緒。我們可以哭到眼睛氣弱，但也可以化悲憤爲力量，使更多人不再哀傷。

我們可以爲自己的人生選擇，而最好的選擇，就是藉由幫助其他的人來分擔彼此的哀傷，分享彼此的快樂。

轉換心情，才可能心想事成

唯有鍥而不捨地努力，堅持到底不放棄，設想各種解決的辦法並且一一實行、嘗試，成功的大門才會為你開啟。

順境逆境都是人生，即將遭遇什麼際遇，或許不是我們可以決定的，但是，我們絕對可以藉由改變自己的心境，讓自己心想事成。

如果你在事業、工作或生活上遇到瓶頸，那麼就必須冷靜想出解決的辦法，不要患得患失，也不要怨天尤人。

做生意也是如此，不能只懂得一套做法，遇到挫折之時還要懂得對症下藥，才能賺取更多利潤。

哈威．麥凱開了一家信封製作公司，拓展客源與業務，是他身爲老闆刻不容緩的首要任務。想要開拓新客戶，得花費不少的功夫。

有一次，他前去拜訪新客戶，對方的採購經理一看到他就說：「麥凱先生，你不要再來了。我知道你很有名、很成功、很有錢、事業做得很牢靠，但是我們公司是絕對不可能簽你的訂單的，因爲我們老闆和另一家信封公司有二十五年的深交，你也不用再一直來拜訪我了，因爲過去三年有四十三家信封公司的老闆來找過我了。所以，麥凱先生，我建議你可以不用再浪費你的時間。」而後就委婉地請他離開。

然而，麥凱並不是省油的燈，他決定以這位經理爲目標，好好地做一番功課。很快地，他就發現這位經理有個兒子非常喜歡冰上曲棍球，最崇拜的偶像就是洛杉機最有名的退休球星。

消息靈通的麥凱有一次打聽到那位經理的兒子因爲車禍意外而住院，他的腦筋立刻啓動，透過各種關係，拿到了那名退休球星的簽名球桿。

他帶著球桿來到醫院探病，經理的兒子一臉納悶地問：「你是誰？」

麥凱說：「我是麥凱，我幫你帶了禮物來。」

經理的兒子又問：「爲什麼送我禮物？」

麥凱說：「因爲我知道你喜歡曲棍球，還知道你最喜歡這個球員，你看，這是他親筆簽名的曲棍球桿。」

看到自己夢寐以求的東西，經理的兒子顧不得麥凱的來意，興奮得就想下床來看個究竟。麥凱連忙遞上球桿，小男孩果然愛不釋手。

那名經理下班來看兒子，發現兒子精神極好，和之前幾天的委靡模樣完全不同，又看到兒子在手上把玩的曲棍球桿，便問是怎麼回事。兒子聳聳肩，只說是麥凱送他的。

下一次麥凱前去那家公司拜訪，沒有再被立刻趕出來，經過幾番努力，他終於成功簽得那家公司一筆四百萬美金的訂單。

如果麥凱在第一次拜訪受挫之後就放棄再一次嘗試，絕對不可能得到高達四百萬美金的訂單。

麥凱的成功在於他並不以失敗爲意，不因爲別人的拒絕而產生沮喪的感覺，反而利用每一次失敗的過程，累積更多觀察與了解，進而把握住每一種可能的機會，設想出解決因應的辦法，最後如願地達成自己的目標。

日本有名的實業家松下幸之助曾經如此說過：「如果抱有『真的好想爬到二樓』的熱忱，也許會想到梯子。但是，只是覺得『想上去看看』而已，就不會想到。如果有『無論如何就是想爬上去，唯一目的就是到二樓』這種程度的熱忱，應該已經去搬梯子了吧。」

一個成功者，絕對不是只靠想就能成功的。

唯有鍥而不捨地努力，堅持到底不放棄，設想各種解決的辦法並且一一實行、嘗試，成功的大門才會爲你開啓。

檢討別人之前，先檢討自己

只要懂得認錯，就有重新改正的機會。最怕的是，光看別人犯了什麼錯，嘲笑別人的無恥與笨拙，卻不知自己的嘴臉也同樣骯髒。

無可諱言的，每個人都會犯錯。

雖然過錯本身有程度上的差異，但是，犯錯的行爲卻沒有太大的差異，都是不應爲而爲。

有些錯，看似小錯，好像沒什麼大不了，但許許多多的小錯，可能會累積成不可挽回的大錯；有些錯誤甚至變成其他錯誤的引線，連鎖引爆的結果，導致不可收拾的結局。

商人耶萊米夏斯．巴布金發現自己的住處遭了小偷，他的一件浣熊皮精緻大衣不翼而飛了。他找來管理員理論，沒有結果，最後乾脆打電話報警，把整棟樓都鬧得沸沸揚揚。

巴布金大吼：「我真是氣死了，你們知道那件皮大衣有多漂亮珍貴嗎？要是讓我抓到那個小偷，我絕不放過他。」

警察很快就來了，身旁還牽著一條警犬。這條大狗渾身棕毛，鼻子尖尖的，看起來讓人不禁有點害怕。很快地，那條狗鼻頭在空中嗅了一會兒以後，立刻撲向其中一名房客。

被狗撲倒的老太太哭叫著：「好啦！好啦！我招了，我私釀了五桶烈酒，連同蒸餾器一起藏在地下室。我認罪了！我認罪了！」

所有的房客都面面相覷，誰也想不到，老太太平常和和氣氣，竟然會幹出非法的事來。

警察怒斥：「那皮大衣呢？巴布金先生的皮大衣是不是妳拿的？」

老太太啜泣地說：「什麼皮大衣啊？我根本不知道也沒看過，我就藏了五桶酒而已。警察大人，您饒了我吧，快把這隻狗帶開！」

老太太很快就被銬住，準備被帶回警局訊問。想不到，接下來，棕色大狗又朝空中嗅了嗅，飛撲到管理員身上。

管理員的神情看起來非常驚恐，連忙求饒：「警察先生，你把我帶走吧，這些年來，我每個月都超收每位房客的水費。」

聽到管理員的自白，現場所有的房客都立刻鼓譟起來，紛紛要管理員把超收的費用如數吐出來。只見被大狗壓在地上的管理員可憐兮兮地說自己早已經把那些錢都花光了。

管理員也被銬住，巴布金似乎有些不安起來，打哈哈地對警察說：「算了，我不想找那件皮大衣了，你快把那隻狗帶走吧。」

警察冷笑地望著他，果不其然，那隻棕狗已經將目標轉向了他。在大狗還沒撲過來之前，巴布金就嚇得跪地哭喊：「是我的錯！是我的錯！那件大衣是我弟弟的，因爲我自己想要把大衣據爲己有，才會假裝遭了小偷……」

一切眞相大白，根本沒有大衣失竊事件，全都是巴布金自導自演。

即使巴布金已被警察銬住，事情卻還沒結束。在棕色大狗的威嚴下，所有犯過錯的人都無所遁形，全都準備上警局。

最後，只剩下警察和警犬。

只見那條狗倏地撲到警察身上，嚇得警察連忙大喊：「是的，我的好兄弟，是我對不起你，你咬我吧，因爲每個月三塊金幣的狗食費，有兩塊金幣都到我的口袋裡去了。」

那條狗也許只是一時玩興大起，不料所有的人竟立刻開始自陳罪狀。或許應該這麼說，並不是那條警犬具有驚人的偵探力，而是每個人做賊心虛，面對不了自己的良心。

《聖經》裡曾有過一則故事，一名婦女因爲姦淫罪名被抓住，但是耶穌說，誰自認自己從未犯過錯事，誰才有權力拿石頭打她。一時之間，竟沒有人敢把手上的石頭扔出。

德國哲學家歌德這麼說：「錯誤與真理的關係，就像睡夢與清醒的關係一樣。一個人從錯誤中醒來，就會以新的力量走向真理。」

犯錯不是無可挽救的，只要懂得認錯，就有重新改正的機會。

最怕的是，每個人光看別人犯了什麼錯，嘲笑別人的無恥與笨拙，卻不知自己的嘴臉也同樣骯髒。

有一句廣告詞說得極好，「刮鬍子的時候要看著鏡子，刮別人的鬍子之前，先把自己的鬍子刮乾淨。」要檢討別人之前先檢討自己，這樣或許會顯得理直氣壯一點，不是嗎？

堅持到底就一定能獲得勝利

羅曼羅蘭在《約翰克利斯朵夫》中寫道：「人生是一場無休無歇而又無情的戰鬥，只要是人，都得時時刻刻向無形的敵人作戰。」

當你千辛萬苦完成一項艱鉅的工作，相信你一定曾經這麼呼喊過：「眞不敢相信，我竟然眞的把它完成了。」

是的，不管做什麼事情，只要掌握正確的方法，努力不懈做下去，就能爲自己創造一個奇蹟了！

有一位俄亥俄州的拳擊冠軍對朋友述說了他的成功經歷。他在十八歲那一年，第一次奪得州際盃冠軍寶座，那次經歷，一直影響他面對事情的態度。

當時，他的對手已經三十歲了，身高一百七十九公分，已連續三年蟬連全州拳擊的冠軍，是個人高馬大的黑人拳擊手，左勾拳可是令人聞之喪膽。

當時主持人宣佈這位年輕的選手將出場挑戰時，全場觀衆給他的不是掌聲，而是噓聲。

果然不出大家所料，一開始他就被對手擊中，牙齒還被打掉了半顆，滿臉是血的他完全沒有機會回手，甚至連防備都有困難。

中場休息時，他對教練說，他想中途退出比賽，因爲這種實力懸殊的比賽無異是拿雞蛋去砸石頭。

教練對著他大吼：「不，你一定行，別怕流血，只要堅持到最後就一定會勝利，我相信你的實力。」

突然，這位年輕選手不知打哪兒來的力量，決定豁出去，當對手的拳頭不斷落在他身上時，他感覺到自己的身體已經不聽使喚了，但他仍然告訴著自己：「堅持，一定要堅持下去！」

不知道是不是他的堅持感動了上天，當然也可能是對手累了，也可能面對他的頑強開始膽怯，他開始有機會反攻。

當時，他的汗血已經流滿全身，模糊了他的雙眼，他只能憑著意志，揮舞左勾拳、右勾拳、長拳、上勾拳，用一記又一記的重拳，朝著眼前模糊的身影擊去。

「是的，我一定能打倒對手！」他不斷爲自己打氣。

在最後一刹那，他的眼前像是有無數個對手的身影在晃動，他心裡想，中間那個不晃的影子一定是對手，於是便對準那個身影揮出最後一擊……

接著，教練跳到擂台上抱著他又唱又跳，當裁判舉起他的手時，他這才發現自己贏了，對手倒在台上，而他奪得了冠軍。

法國文豪曼羅蘭曾經在名著《約翰克利斯朵夫》中寫道：「人生是一場無休

無歇而又無情的戰鬥，只要是人，都得時時刻刻向無形的敵人作戰。」

鍥而不捨才能創造奇蹟！看完這個拳擊手浴血奮戰的故事，難道你還不清楚生命中的奇蹟怎麼發生的嗎？

人生是個舞台，每個人都得努力演好自己的角色；想要成功，方法只有一個，就是：「堅持下去！」

盧卡斯曾說：「一個人的心有多寬，路就會有多寬。」

心境決定一個人的處境，眼界決定一個人的世界。當我們認爲自己走投無路的時候，只要放寬心胸，相信天無絕人之路，視野就會變得寬闊，即使面臨「山窮水盡疑無路」的困境，也會看出「柳暗花明又一村」的前景。

人生的遠景充滿無限可能

俄國作家契訶夫說：「路是人的腳步走出來的，為了多闢幾條路，必須往沒有人的地方走去。」

在工作場合，我們不時可以見到滿腹牢騷的上班族，成天埋怨自己職位太低、薪資太少。其實，會發出這種抱怨的，通常都欠缺應有的競爭力。

殊不知，不論在職場或是商場上，競爭的輸贏取決於創新速度、應變能力，以及自己是否用心。

激勵大師拿破崙・希爾曾經提醒我們一個重要觀念：「思想僵化的人永遠不會有所發展。」

這是因爲，思想僵化的人，習慣以固定的方式做事，也喜歡過著一成不變的生活，不願去嘗試變化，因此生活彷彿是一潭停滯不動的死水，無法孕育出新的生機。

拿破崙．希爾曾經聘用了一位年輕的小姐當助理，工作大致是拆閱、分類及回覆他大部分的讀者信件，另外還有一項工作是聽他口述並記錄信的內容，她的薪水和其他助理相同。

有一天，拿破崙．希爾在口述之時說了一句格言，請她把這句話記錄下來：「記住，你唯一的限制，就是自己腦海中所設立的那個限制。」

當她把打好的紙張交給拿破崙．希爾時，對他說：「這句格言讓我得到了一個啓發，相信對你我都非常有價値。」

這件事並未在拿破崙．希爾的腦中留下特別印象，但是，從那天起，他卻感受到這句話對這個女助理產生深刻影響。

從此以後，她在用完晚餐後便又回到辦公室，並且做一些不是她份內而且也沒有加班費的工作。

她會把寫好的回函信送到拿破崙．希爾的辦公桌上。她認眞研究了拿破崙．希爾的處理風格，因此，這些信跟他所寫出來的一樣好，有時甚至更好。

她非常努力認眞，工作態度也一直保持良好，有一天，拿破崙．希爾的私人秘書辭職，當他準備找人來遞補這個空缺時，卻驚訝地發現她已經主動地接收了這項職位。

因爲，在下班之後，沒有支領加班費的情況下，她已經把自己訓練成出任拿破崙．希爾專屬秘書的第一人選。

由於這位年輕小姐的辦事效率太高，引起其他人的注意，不斷有人提供了很好的職位想請她擔任。於是，拿破崙．希爾不得不多次提高她的薪水，到後來，薪資竟提高到她初到之時的四倍。

因爲，她讓自己不斷增値，雖然之前辛苦的付出，但那卻成了她最佳的籌碼，使得拿破崙．希爾完全不能缺少她這個幫手。

是什麼力量讓這個年輕小姐有這樣的成功？

那就是積極向上的進取心，使她在競爭中脫穎而出。

有一位老師經常向那些自稱擁有三十餘年教學經驗的老師，提出這樣一個問題：「你是眞的教了三十年書，還是，你只教了一年書，然後把它重複了三十年呢？」

聽得出這位老師的意思嗎？

俄國作家契訶夫說：「路是人的腳步走出來的，為了多闢幾條路，必須往沒有人的地方走去。」

你還在過著日復一日重複自己影子的生活嗎？每天問一問自己：今天和昨天有什麼不同，有什麼新的啓發？

當你在生活中努力發揮自己的多元能動性，你才會知道未來充滿無限可能，只要自己願意去開創。

被需要，是保持活力的特效藥

需要，是保持活力的特效藥；能成為「被需要」的對象，生命才會更有意義，即使必須因此而忙碌，也會覺得自己很幸福。

有一位長輩，五十好幾還是孤家寡人一個。他的生活過得非常節儉樸實，可是對家人朋友卻非常慷慨，總是不計一切地付出。

小的時候，總覺得這個長輩好奇怪，爲什麼他不對自己好一點，讓自己的生活過得舒適一點呢？直到現在才眞正明白，對他來說，被親朋好友需要，就是他最大的幸福！

不管碰到任何事，我們都不會害怕與惶恐，因爲我們知道，永遠會有個人在那裡，支持、幫助我們。

在某個城市的一家醫院，同一間病房裡住著患有相同絕症的兩位病人，不同的是，一個來自鄉下地方，另一個則生活在醫院所在的大城市裡。

住在城市裡的病人，每天都有許多親朋好友以及同事前來探望。

家人前來時，總是憐惜地說：「家裡的事你不用擔心，還有我們呢。你只要安心養病就可以了。」

朋友探望時，則是安慰著：「現在你什麼也別想，專心養病就行。大夥兒都會抽空來看你的。」

同事來時，會開導他：「你放心，工作上的事，我們都替你安排好了，你現在的工作就是養病。」

來自鄉下地方的病人只有一位十二、三歲的小男孩看護著。他的妻子十天半個月才能看他一次，大多是爲了送醫藥費和一些換洗衣物而來。妻子每次來，總是不停地說東道西，要丈夫爲家裡的事情拿主意。

例如，「快要播種了，今年要種西瓜，還是番茄？」「再過兩天，大伯就要嫁女兒了，需要送多少賀禮呢？」「女兒吵著要和表哥出遠門，該不該答應？」等等瑣碎問題。

幾個月後，戲劇性的變化發生了。生活於城市裡的那位病人，在親人、朋友、同事一聲聲「你放心吧」、「你就安心養病吧」的安慰聲中，感覺到他們已經不需要自己了，再也沒有活著的價值和意義。漸漸地，他失去與病魔戰鬥的信心和勇氣，在孤獨寂寞與病魔的侵蝕中，一點一滴地流失生命力，最後在某個安靜的夜晚死去。

至於來自鄉下地方的病人，則在妻子大事小事都要自己定奪、拿主意中，意識到家人不能沒有自己，無論如何都必須活下去，一股強烈的求生慾使他奇蹟般地活了下來。

世界沒了你，太陽依然會升起。但是，身旁的人沒了你，生活將會完全改變時，你大概想盡辦法，也會讓自己活下去吧。就是這個信念，讓來自鄉下地方的病人，拼了命活下去。

大家都「需要」你時，或許你會感到不耐、困擾，忍不住想大喊：「為什麼每件事都要找我！」

換個角度想，那是因為自己很「重要」，非你不可。如果有一天，再也沒有人需要你，有你沒你都行時，空虛就會漸漸侵入生命裡。

需要，是保持活力的特效藥；能成為「被需要」的對象，生命才會更有意義，即使必須因此而忙碌，也會覺得自己很幸福。

面對工作放輕鬆，就容易成功

人在輕鬆的心情下，腦袋裡自然會出現好點子，用遊戲的心情工作，也能提升工作效率，將興趣和工作結合，事情就容易上手。

不管是唸書或工作，做一件事時，大多數的人都會被交代要認眞去做。通常，事情只要認眞、專心去做，得到的成果都不會太差。

但是，過度的認眞，也可能會抹煞掉原來活躍的腦力和創造力，認眞和死板的公式結合在一起，就會變成僵硬的思考模式。

難道要不認眞嗎？不，除了認眞，還要樂在其中。觀察孩子們玩遊戲，會發現他們非常專注於一件事上，專心享受那種遊戲的樂趣。

他們認眞嗎？是的，他們非常認眞玩遊戲。那麼腦袋僵死了嗎？並不會！因爲他們以遊戲的心情面對這個認眞。

著名金融家摩根很喜歡賺錢，對賺錢的態度甚至達到癡迷的程度。他一直有個習慣，就是在每天日落的時候，走到附近小報攤上買一份載有股市收盤的晚報回家閱讀。當朋友們都在忙著休閒娛樂的時候，他說：「有些人熱衷於研究棒球或者足球時，我卻喜歡研究怎麼賺錢。」

與人談到投資的時候，他總是說：「玩撲克牌的時候，你必須認眞觀察每一位玩家。你會看出一位冤大頭，如果看不出，這個冤大頭就是你。」

有人開玩笑說：「摩根，你已經是百萬富翁了，這種滋味如何啊？」

摩根的回答頗讓人玩味：「凡是我想要的東西，而且可以用錢買到的時候，我都買到了。至於其他人所夢想的東西，比如名車、名畫、豪宅，我都不爲所動，因爲我不想得到。」

摩根並不是一個爲金錢而生活的人，他喜歡的僅僅是遊戲的感覺，那種一次次投入資金，又一次次透過自己的智慧把錢賺回來的感覺，充滿了風險和心理煎熬，但也頗爲刺激。他要的就是那種刺激的感覺。

摩根曾經這麼說過：「金錢對我來說並不重要，主要是賺錢的過程，那種不斷接受挑戰的感覺才是樂趣。我不是愛錢，而是愛賺錢，接著看著錢滾錢，才是最有意思的事情。」

對摩根來說，賺錢就是一種遊戲。

他並不在乎賺多少、賠多少，他要的只是賺錢過程的樂趣。沒有太大的得失心，可以讓他毫無顧忌，選擇他所要投資的方式。

一般而言，人在輕鬆的心情下，腦袋裡自然會出現好點子，用遊戲的心情工作，也能提升工作效率。這種說法並非要人工作散漫，而是要將興趣和工作結合，用歡喜的心情面對，事情就能容易上手。

認眞工作就能獲得快樂

一個人只要抱著崇高的信心和態度去工作，就可以把辛苦的工作化為樂事，這時工作不再是工作，而成為樂趣了。

假使我們不常爲慾念和自私心理所苦，那麼隨著日子的飛逝，我們是不會毫無所得的。

如果一個人老是利慾薰心，自然會患得患失。希望對別人有所幫助，不求別人對自己有什麼好處，這才是一種無私的人生觀。

許多人活著是爲了攫取，對他們而言人生是爲了自利。「施比受更有福」的告誡，對這些人毫無意義，他們總是覺得，人生的價值要視能攫取多少而決定。

但是，有些人卻覺得人活著是要施捨。

他們認爲，人生不是爲了自己，而是要向外發揚，因此他們奉獻自己、寬恕他人，並以感恩的心情活著。他們了解人生的快樂是什麼，並盡力地去追求。

許多我們所崇敬的名人，並不認爲自己得到的，都是理所應得的。相反的，他們總是懷著感激的心情接受一切，爲了最崇高的目標，儘量奉獻自己的能力和時間，以造福人群。

服務是一件最神聖的事情，同時也是一個人心靈的恩慈表現於外的象徵。像在炎熱的天氣裡，出於愛心遞一杯冰開水給路人；或是有人對自己不利之時，卻仍以仁慈的態度應對，這都可以作爲行善的原則——用無我們的仁愛使敵人解除武裝。

每個人都是有情感、有信心的，只是大家都沒有察覺到而已。如果你能用愛心待人，就可以喚醒人們的情感和信心。

也許你要問，怎麼樣的服務才算是神聖的呢？

其實，只要是能夠減輕別人肩膀和心頭的重擔，便是神聖的。服務別人的工作不分尊卑，只要是憑著愛心去做就好。

英國詩人白朗寧曾說：「一切服務人群的工作，與任何神聖的工作一樣有意義。」

由此可知，我們對於服務工作的評價，不在於工作高低，也不在於他做的是什麼，而是要看他的態度，看他是抱著怎樣的信念和動機去做的。所以，不論是做麵包的、做妻子的、掘壕溝的，或是種田的農夫……他們都和寫詩的詩人一樣，都是在服務人群。

生活是多方面的，也有各種不同的工作等著我們去做，只是有的工作比較艱苦，比較繁重而已。一個人只要抱著崇高的信心和態度去工作，就可以把辛苦的工作化爲樂事，這時工作不再是工作，而成爲樂趣了。

3

PART

看法會決定你的做法

皮爾博士在《人生的光明面》裡說：「逆境會使人變得更加偉大，也會使人變得十分渺小，它從來不會讓人保持原來模樣。」

只要堅持下去，事情一定會有轉機

法國文豪巴爾札克說：「苦難對於一個天才是一塊墊腳石，對於能幹的人是一筆財富，而對於庸人卻是一個萬丈深淵。」

任何苦難，都一定會有盡頭。

如果，你可以回想到最難過的曾經，那就表示那個「曾經的苦難」已經走過去了，就像電視劇一樣，不管播了幾百集，一定會有第一集的開始，自然也會有最後一集的大結局。

只要能堅持下去，事情就一定會有個結局，同時還會接著播映另一個好開始。

著名的體育播報員羅納德經常鼓勵失敗的人：「只要堅持下去，有一天情況總會好轉。」

這是因爲，每當他感到失意沮喪的時候，他的母親便會適時對他說：「如果你堅持下去，總有一天，你一定會等到好運氣和機會降臨，而且，到時候你會知道，如果沒有經歷過失望，你不會有這個成功的機會。」

母親的這番話，在他大學畢業後眞的實現了。

當時，他希望能進到電台工作，成爲一位體育播報員，於是從伊利諾州搭了便車千里迢迢前去芝加哥，親自拜訪每一家電台，但每次都碰了一鼻子灰。

在拜訪的過程中，有一家電台的廣播小姐和氣地告訴他，大電台是不會冒險僱用一名毫無經驗的新手。「去找家小電台試試，或許那裡的機會比較大。」她勸告羅納德說。

於是，他又搭便車回到了伊利諾州的迪克遜，但是仍然沒能如願，失望之情從他臉上一看就知。

「最好的機會總會到來。」這時，母親提醒他說。

於是，他再度出發，試了愛荷華州達文波特的WOC電台。節目部主任是位很不錯的蘇格蘭人，名叫彼特．麥克阿瑟，但他說他們剛新聘了一名播音員。

於是，羅納德便帶著非常失望和沮喪的心情離開他的辦公室，此時，他受挫的鬱悶一下子發作了起來，大聲地說：「我要是不能在電台工作，如何能當一名體育播音員呢？」

當他在等電梯時，突然聽到麥克阿瑟的叫聲：「請問，你剛才說什麼體育？你懂得橄欖球嗎？」

羅納德點了點頭。接著麥克阿瑟讓他站在一個麥克風前，要他憑想像力播報一場比賽。

於是，羅納德開始播報前年秋天，他參加的橄欖，在最後二十秒時以一個六十五碼球擊敗了對方……隨後麥克阿瑟告訴他，他將開始播報星期六的一場比賽。

在回家的路上，他想起了母親的話：「只要你堅持下去，總有一天你會遇上好運，並且你會明白有了這些挫折和堅持，生命裡會有很多希望和機會將發生。」

不要因爲事情不如預期而感到痛苦，只要一步一步往自己設定的目標前進，就能位自己創造奇蹟！

不要畏懼前面的道路有什麼艱難，多給自己多一點信心和勇氣，展開實際行動，永遠比灰心喪氣還有用。

法國文豪巴爾札克說：「苦難對於一個天才是一塊墊腳石，對於能幹的人是一筆財富，而對於庸人卻是一個萬丈深淵。」

有人在厄運和不幸面前從不屈服，也不退縮，更不動搖，會頑強地和命運抗爭到底。因而，他們能在重重的困難中，衝開一條通向勝利的路，成爲征服困難的英雄，同時也是一個掌握自己命運的主人。

每一個逆境，都是你磨練的機會

日本作家池田大作在《青春寄語》裡寫道：「成功絕對不是別人賜予的，而是一點一滴在自己生命之中築造起來的。」

回想一下小時候，爲了學會騎腳踏車，我們不是常常摔車，而且弄得渾身是傷，但是我們還不是把它學會了？

找回學騎腳踏車時的精神，把每一個逆境都視爲考驗，只要克服了困境，你就能因爲堅強，而擁有更豐富精采的人生。

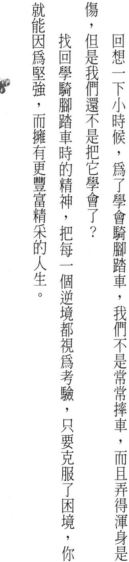

《百年孤寂》的作者馬奎斯，被全球權威文學評論家推選爲世界十大作家之首時，曾說了這樣一段話：「我非常感謝文學評論家對我的厚愛，我也非常珍惜這些榮耀，但是，我更珍惜創作過程所受的各種打擊、挫折和失敗。至今我仍然清楚地記得偉大的編輯家德托雷先生，要不是他毫不留情地退回了我的第一部小說，我就不會有如今的成就……」

原來，馬奎斯二十二歲時，完成了第一部小說《獨裁者的秋天》，這是一本現今各文學評論家評價非常高的作品；可在當時，這部書稿卻屢遭退稿的命運。

有一次，當他把書稿送到阿根廷著名的洛柯達出版社後，不久便收到該社審稿的編輯，西班牙著名文學評論家德托雷寄來的退稿，其中還附了一張嚴峻批評：「此書毫無價值，甚至在藝術上也無可取之處。」

這位偉大的編輯家還給他一個相當苛薄的忠告，建議馬奎斯最好改行，從事其他工作，免得浪費生命。

受到這樣嚴厲的批評，相信一般人會因而放棄，甚至會罵德托雷太狂妄高傲了，但馬奎斯在榮獲十大作家之首時，卻是非常誠懇的讚美德托雷是個偉大的編輯。

因爲，要不是德托雷的嚴厲批評，馬奎斯就不會有今天這麼偉大的成就。這次退稿，反而讓馬奎斯更積極磨練自己，因爲他不服氣，儘管面對重重的挫折和失敗，仍然咬緊牙關持續創作，終於榮登世界文學的最高峰，成爲世界級的大師，也得到諾貝爾文學獎殊榮。

日本作池田大作在《青春寄語》裡寫道：「成功絕對不是別人賜予的，而是一點一滴在自己生命之中築造起來的。」

每一個跌倒，都要把它當作成功之前必經的磨練。

小時候騎腳踏車跌倒，我們可以拍拍屁股繼續練習，現在遭遇失敗挫折，不也應該保有這種精神。

不一定是準備成爲世界級的人物，才需要這樣的堅強，要記住，每一種困境都是你磨練的機會，越是嚴苛的考驗，越能讓你有不平凡的磨練和啓發。

給自己多一點掌聲

蒙田寫道：「我不在乎我在別人的心目中是如何，而是更重視我自己的心目中如何；我要靠自己而富足，不是靠求助於人。」

人要活得充滿信心，才能享受自己的生活，因此每天告訴自己，你是獨一無二的，告訴自己，你就是第一。

每個人都有屬於自己的獨特才能，只要你相信自己，建立自己的信心，世界就會追隨在你的身後。

著名的推銷大王吉拉德，很小的時候就隨父母從義大利搬到了美國，在底特律的貧民區度過了悲慘的童年，生活中的痛苦和自卑，一直是他走不出來的傷痕。每天必須爲生活奔波勞碌的父親，總是告訴他：「認命吧，你是註定得一事無成了。」這種宿命的說法令他十分沮喪，常常想著自己暗淡無光的前程而苦悶悲傷不已。

但是，有一天，他的母親卻這樣告訴他：「世界上沒有誰跟你一樣，孩子，你是獨一無二的。」

從此以後，他重燃起了新希望，開始認定自己就是第一，沒有任何人可以比得上自己。

建立起自信的他，也奠定了成功的基礎。

他第一次去面試時，這家公司的秘書跟他要名片，他不慌不忙地遞上一張黑桃A，這個怪異的舉動讓他得到立即面試的機會。

面試時，經理疑惑地問他：「你是黑桃A？」

「是的。」他信心十足地回答說。

「爲什麼是黑桃A，不是別的？」

「因爲A代表第一，而我剛好就是第一。」

就這樣，他被錄取了。想知道後來的吉拉德嗎？

他眞的成了世界第一的推銷員，業績是年銷量一千四百二十五輛車，創造了輝煌的紀錄，不簡單吧？

心理學家分析，這是因爲，吉拉德每天睡前都會不斷地對自己說：「我是第一。」這樣的自我暗示，更加堅定了他的信心和勇氣，日積月累之後，他的自然得到了有力的潛移效果。

如何，要不要學學吉拉德的自我激勵方法？就從現在開始，每天多給自己一點激勵吧！

法國思想家蒙田曾在《隨筆》裡寫道：「我不在乎我在別人的心目中是如何，而是更重視我自己的心目中如何；我要靠自己而富足，不是靠求助於人。」

不管別人怎麼看你，不管別人怎麼說你，最重要的是，你就是你，像手上的指紋，全世界不會有人是一模一樣的情況相同，你就是那樣的獨一無二。

記住，一個連自己都不相信的人，就別指望別人相信，再多人的鼓舞，怎麼也比不上你給自己的掌聲。

你也可以戰勝生命中的暴風雨

義大利作家梅塔斯塔齊爾曾經寫道：「一棵纖弱的灌木，雖然在暴風雨中屈身地搖晃，但它最終能戰勝暴風雨。」

許多成就不凡事業的成功人士都提醒我們：災難是人試金石，困難是人生的教科書。

確實如此，不管做什麼事情，只要你勇敢面對，堅持不懈，保持積極的態度向前邁進，目標就一定會實現！

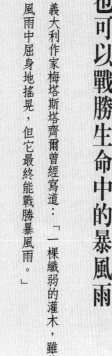

當代激勵大師安東尼．羅賓在某次演說中談及如何面對挫折時，曾講了一個朋友在一次滑雪比賽中，體驗到一個深刻的經驗。

這位住在明尼蘇達州的朋友一時興起買了滑雪板，隨即就報名參加滑雪訓練，後來還參加一次高難度的滑雪比賽。

在這次比賽當中，開始時他滑得很順利，速度快而且俐落而漂亮，但是，就在他滑了四分之一之後，開始覺得有點力不從心。他眼睜睜地看著別人輕輕鬆鬆從身邊滑過，不一會兒工夫，一大片雪地上就只剩下他一個人，孤零零地在冰天雪地裡中吃力地滑著，這時候他整個心裡充滿挫敗感。

他本來打算要用兩個小時滑完全程，但嚴寒的風雪刺痛了全身，體力也消耗得差不多，四肢無力的他，開始萌生放棄的念頭。

偏偏身處偏僻的深林裡，加上積雪相當寒冷，他只能把這個念頭暫時擱置，先努力滑到終點再說，於是他就這樣支持了下去。

在這個過程中，他一直幻想著，期望路旁會有散發著溫暖熱氣的小木屋出現，或是希望有輛急救車突然出現，推開積雪把他帶走。當然，這些都是空想而已，但是就這樣想著、滑著，他終於硬著頭皮滑完了全程，而且時間跟預期的差不了多少。

安東尼·羅賓說，這朋友對自己的這件事總是津津樂道，而且每次都講得口沫橫飛。因爲，這件事給了他一個認識自己的機會，更給了他一個努力堅持而得到勝利的美好記憶。從此之後，他在生活中不管碰到任何艱難險阻，都不再害怕、退縮了。

義大利作家梅塔斯塔齊爾曾經寫道：「一棵纖弱的灌木，雖然在暴風雨中屈身地搖晃，但它最終能戰勝暴風雨。」

生命中的暴風雨其實並不可怕，只要你肯挺身勇敢面對它，就可以戰勝它。

只要你經歷失敗挫折時，毫不放棄、堅持不懈，當你通過了這個考驗，累積了這個艱苦的經驗，品嚐過了付出後的甜美豐收，往後任何失敗和困難，你都會覺得輕鬆簡單，不再輕易放棄。

不斷學習才能不斷獲得

孟德斯鳩說：「我們接受三種教育，一種來自父母，一種來自師長，一種來自社會。第三種教育與前兩種完全背道而馳。」

有人會認爲，知識和學問是經由讀書獲得的，其實，更重要的學問不在學校或課本，而是經由不斷學習、研究才能獲得。

人應該像海綿一樣，不斷吸收有用的知識，彌補自己的不足。

期末考試的最後一天，一群大四學生在台階上擠成一團，他們正在討論著即將開始的考試，這是他們畢業前的最後一次測驗，每個人臉上充滿了自信。

有一些人正談論著自己已經找到的工作，另外一些人則談論著他們理想中的工作。他們對這四年來的學習成果相當有信心，都認爲自己是最優秀的人才，甚至還可以征服全世界。

考試即將開始，教授告訴他們可以帶任何想帶的書本或筆記，但不能在測驗的時候交談。

學生們高高興興進了教室，教授把試卷發了下來，當他們發現只有五個考題，臉上的笑容更加燦爛。

考試時間結束了，教授開始收卷，但學生們臉上的笑容不再，看起來完全沒有了自信，臉上寫滿了沮喪。教授看著一張張焦急的臉，問道：「五個題目都完成的請舉手！」

竟然沒有一個人舉手。

「那完成四題的請舉手？」

沒想到還是沒有人舉手。

「完成三題的請舉手！」

「寫完兩道題的呢？」

問到這裡，每個學生們焦躁不安地在座位上騷動起來。

「那麼一題呢？有沒有人完成了一題的？」

此刻，整個教室寂靜無聲，於是，教授放下了考卷，對著學生說：「沒錯，這正是我期待的結果。」

這時，有學生頗爲不滿地發起牢騷，教授知道他們在想什麼，他帶著勉勵而感性的語氣說：「我只是要讓你們留下一個深刻的印象，讓你們知道，即使大家完成了四年的學業，但是在學校和課本之外，仍然有很多東西是你們還不知道的，這些你們不能回答的問題，其實和你們即將面對的未來生活有關。」

他微笑著補充：「放心好了，你們都會順利畢業，但是千萬要記住，即使你們大學畢業了，你們的教育才剛剛開始。」

孟德斯鳩說：「我們接受三種教育，一種來自父母，一種來自師長，一種來自社會。第三種教育與前兩種完全背道而馳。」

畢業前，你們一定聽過這樣的勉勵：「恭禧你們大學畢業了，不過，接下來要進入的社會大學，才是你們眞正學習的開始。」

從小我們接受正規的學校教育，有了知識上的學習與累積；當我們慢慢成長，接觸的層面日漸寬廣，我們也開始面對生活裡的現實。

直到進入社會，有了工作，我們的人生才正要開始，任何會遇到的難題或人際上的交流……等等，全都和學校裡遇到的不同，沒有辦法舉例援用。

也許有人幸運一點，能遇到貴人指點，但大多時候，事情都必須靠你自己加以解決，而這就是社會大學的多元性，也是你一輩子都要認眞學習的必修課程。

不管你已經畢業還是即將畢業，都要說聲恭禧，你的社會大學即將正式開始。

立志當珍珠，不要當沙子

作家A．芭芭耶娃在《人和命運》裡說：「不必誇耀自己擁有什麼才能，關於這一點，別人要比我們看得清楚。」

富蘭克林曾經這麼說：「你熱愛生命嗎？那麼，就千萬別為小事而苦惱。」

現代的人經常一碰到小事就煩惱不已，然後誇大其詞，卻對那些真正和我們生命有關的大事毫不關心。

不要只會抱怨別人，也不要只知埋怨環境不公，人生的機會其實很多，但只給肯腳踏實地的人。

你還在責罵全世界的不公嗎？不如先反省自己吧！

有個年輕人在學校的課業成績很好，但是畢業後卻屢屢碰壁，一直找不到理想的工作。他總是抱怨自己懷才不遇，對社會感到非常失望，抱怨政府無能，責怪老闆現實，對大環境既傷心又絕望。

有一天，這個年輕人懷著痛苦的心情來到海邊，打算就此結束自己的生命，當他走入海裡即將被海水淹沒的時候，一個老漁夫把他救了起來。

老人問他爲什麼要走上絕路。

年輕人忿忿不平地說：「我得不到別人和社會的肯定，沒有人能欣賞我，覺得活在這樣的世間根本就沒有意義！」

這時，老漁夫從腳下撿起了一粒沙子，讓年輕人仔細的看了一會兒，然後隨手扔到地上，接著對他說：「請你把剛才扔在地上的那粒沙子撿起來吧！」

「這哪有可能！」年輕人瞪大了眼，低頭看了一下說。

老漁夫沒有回應，從口袋裡拿出一顆白皙明亮的珍珠，扔到了沙灘上，然後對年輕人說：「你能把這顆珍珠撿起來嗎？」

「當然能！」年輕人以爲老漁夫是在跟他開玩笑。

這時，老漁夫認眞的說：「你明白問題所在了吧？現在的你，還不是一顆光彩耀人的珍珠，當然不能期望別人馬上肯定你。想讓別人看見你，你就要想辦法讓自己成爲一顆珍珠才行。」

年輕人點了點頭，若有所思的低頭不語。

作家A．芭芭耶娃在《人和命運》裡說：「不必誇耀自己擁有什麼才能，關於這一點，別人要比我們看得清楚。」

任何一個人，一開始都必須知道自己只是顆普通的沙粒，而不是價值連城的珍珠，想要出人頭地，就必須先累積自己的資本才行。想要讓自己像珍珠一樣，就得不斷提高自己的能力和價值，認眞紮實地累積，當你成爲一顆渾圓又光亮的珍珠，就算你身藏再深的海底，也一定有人會潛到深海將你尋找出來。

看法會決定你的做法

皮爾博士在《人生的光明面》裡說：「逆境會使人變得更加偉大，也會使人變得十分渺小，它從來不會讓人保持原來模樣。」

不可否認的，一些外在的因素常常會影響一個人的命運，但是，一個人的命運主要還是掌握在自己的手中。

每個人都是自己命運的設計師，命運會變成什麼模樣，全在於我們對生命的看法。

艾美是個聰明美麗的女孩，不幸的是，她出生之時，兩腿就沒有骨頭，一歲的時候，她的父母做出了充滿勇氣卻備受爭議的決定，把艾美膝蓋以下的部位截切。從此，艾美一直在父母懷抱和輪椅中生活。

長大後，艾美裝上了義肢，憑著驚人的毅力，她不僅能跑步，還能跳舞和溜冰，還經常到學校或傷殘人士的聚會上演講；她也當過模特兒，常常出現在時裝雜誌的封面上。

希西也是一位知名的殘障人士，然而，和艾美不同的是，希西並非天生就是殘疾，殘廢之前，她還曾經在英國《每日鏡報》的「夢幻女郎」選美賽中，一舉奪后冠。

一九九〇年她到南斯拉夫旅遊時，決定僑居下來。在南斯拉夫內戰期間，她設立難民營，並用模特兒賺來的錢設立基金會，幫助因戰爭而殘障的兒童和孤兒。不幸的是，一九九三年八月，她被一輛警車撞倒，肋骨斷裂，還失去了左腿。

但是，她沒有被這個不幸遭遇擊垮，反而更加堅強地生活，後來她還到柬埔寨、車臣等地呼籲禁雷，爲殘疾人爭取權益。

也許是緣分，希西和艾美某次會見國際著名義肢專家時相識。

如今她們兩個人可說是情同姐妹，雖然肢體不全，但是她們從不覺得這是什麼人生憾事，反而覺得正是這種特殊的人生體驗，給了她們堅韌的意志和生命力。她們現在使用著義肢，也能行動自如，只要不掀開遮蓋著膝蓋的裙子，幾乎沒有人能看出這兩位美女套著義肢。

許多不知情的人常常稱讚她們：「妳的腿形長得眞美，看這線條，看這腳踝，看這腳趾甲塗得多漂亮啊！」

艾美說：「我雖然從小就失去雙腿，但是，我和世界上其他的女性並沒什麼不同，我也愛打扮，也希望自己更有女人味。」

她們幾乎忘了自己的殘缺，人生在她們眼裡永遠都是那麼的美好，她們從不怨天尤人。

當代激勵大師文森．皮爾博士在他的代表作《人生的光明面》裡說：「逆境會使人變得更加偉大，也會使人變得十分渺小，它從來不會讓人保持原來模樣。」

在我們的生活當中，有一半的事是好的，一半的事是不好的。如果，你希望能過得快樂，就應該把精神放在這百分之五十的美好事物上面；如果你喜歡憂傷、沮喪，或煩惱得胃腸潰瘍，那麼誰也無法阻止你，你就把精神放在那百分之五十的壞事情上吧！

危機就是超越自我的契機

作家亞布杜拉．何塞因說：「所謂的力量，並不是體力的代名詞，真正的力量是肉體與意志結合之後所激發的能量。」

生命中的任何危機都是一次挑戰，也是一次難得的機遇。

只要你不被眼前的險境嚇倒，而勇於奮力一搏，相信你就會因此而創造出超越自我的奇蹟。

法國某個野外軍用機場，曾經發生一件令人不可思議的奇蹟。

一個艷高照的午后，一位名叫桑尼的飛行員，正神情愉快地用自來水槍清洗他平日駕駛的戰鬥機。

突然，有個人用力拍了一下他的後背，桑尼回頭一看，頓時嚇得面無血色，發出一聲驚叫，因爲拍他的竟然是一隻又壯又碩的大灰熊，牠正舉著兩隻大爪，站在他的背後！

這時，桑尼急中生智，迅速把手上的自來水槍轉向大灰熊，不過，也許是用力太猛，在這個緊急的時刻，自來水槍竟然從手中滑脫，而大灰熊則朝著他撲了過來。

這時，桑尼本能地閉上雙眼，使盡了全身力氣，縱身一躍，跳上了機翼，然後大聲呼喊求救。

站崗的哨兵聽見了求救聲，連忙拿了衝鋒槍跑了出來，看見了大灰熊，立即朝著牠連開了數槍，不久就將牠擊斃了。

事後，每個人都對桑尼的跳躍能力感到非常困惑，因爲機翼離地面最起碼有二公尺多高，桑尼竟然能在完全沒有助跑的情況就跳了上去，簡直是一件神奇的事情。於是，大家都開玩笑地對桑尼說，不如去當個跳高運動員，必定創造世界紀錄，爲國爭光。

在大家慫恿下，桑尼再次嘗試立定跳高，但是做了好幾次試驗，他都沒能再跳上機翼。

作家亞布杜拉·何塞因說：「所謂的力量，並不是體力的代名詞，真正的力量是肉體與意志結合之後所激發的能量。」

身處險境，遇上必須全力克服困難的時候，每個人都會本能地想辦法保護自己、拯救自己，也經常像飛行員桑尼一樣，激發令人難以置信的潛能。就像許多心理學家一再告訴我們的，大部份的潛能都是在眞正遇上困難時才會被激發。

所以，不要害怕遇上困難和挫折，因爲有了它們，你才有機會發現自己的潛能，也才能知道，原來沒有什麼事是不可能的。

4

PART

你可以選擇走向不同的人生道路

德國思想家歌德在《感想集》裡寫道：「能把自己生命的終點和起點連接起來的人，是最幸福的人。」

再堅持一步你就抵達終點了

修昔底德寫道：「真正能被稱為最勇敢的人，極其清楚地同時意識到生命的痛苦與歡樂，但並不因此而在危險面前畏縮。」

走到成功的臨界點，你會選擇放棄，任由機會流失，還是咬緊牙關堅持到最後一秒？

生活中，我們會不經意的浪費很多時間，但是，在關鍵時刻，如果你把最後一秒的機會浪費掉，或是提早放棄，那麼就從此和成功絕緣了！

來到了開羅博物館，首先映入眼簾的是從卡蒙法老王墓陵挖出的寶藏，每一件都顯得光彩奪目，而在博物館的二樓，則放著燦爛奪目的寶藏，有黃金、珠寶飾品、大理石容器、戰車、象牙與黃金棺木……等等。

這些精巧的工藝至今仍令人讚歎不已，不過，這些東西若不是考古學家霍華·卡特堅持，再多一天時間探挖，也許至今它們仍藏地下不見天日。

一九二二年的冬天，卡特幾乎要放棄尋找年輕法老王墳墓的希望，因爲，他的贊助商已經準備取消贊助費用了。

卡特在自傳中描述，當時是他們待在山谷中的最後一季了，他們整整挖掘了六季，但是在這麼長的日子裡卻毫無所獲。有時候他們日以繼夜的工作，卻一直沒有任何發現，內心感到陣陣絕望，幾乎認定自己被打敗了，應該準備離開山谷到別的地方去碰碰運氣。

但是，要不是大家最後堅持，再用力往地上一鎚，他們永遠也不會發現，那些遠超出衆人夢想的寶藏。

因爲卡特的堅持，到最後一刻也不願放棄的精神，才能讓他成爲近代第一個挖掘出最完整法老王墳墓的人。

古希臘史學家修昔底德在《伯羅奔尼撒戰爭》中寫道：「真正能被稱為最勇敢的人，極其清楚地同時意識到生命的痛苦與歡樂，但並不因此而在危險面前畏縮。」

不管你現在做到什麼進度，都要充滿積極想法，告訴自己：也許再走一步，就能得到成功的喜悅。

失敗和挫折往往會擋在成功路的最後一步，能夠堅持的人，會看見那個跨欄，並奮力一跳，抵達終點，接受歡呼；不能堅持的人，不僅看不到那個高欄，還會被它絆倒，而且被絆倒後，甚至連爬到終點的努力都不肯付出。

不想原地踏步，就給自己一個往前奔馳的堅持，任何放棄的念頭都不能有，如此才有機會到達你的目的地。

任何夢想花園都得靠你親手打造

法國文豪雨果曾說：「我寧願靠自己的力量，打開我的前途，而不願乞求有力者的垂青。」

對於你認爲應該做的事，不論理論上可不可行，不論存在著多少艱辛，儘管放手去做，因爲，不論做得好或不好，至少你已經往目標踏出第一步。

別再浪費時間了，不如把等待和觀望羨慕的時間拿來行動，你也會有屬於自己的美麗天堂。

有六個高中生前去拜訪費城當地以博學著稱的康惠爾牧師，向他提出請求：「牧師先生，您肯教我們讀書嗎？因爲，我們沒有錢上大學唸書，現在中學要畢業了，我們都非常想再繼續深造學習，不知道您願不願意指導我們？」

康惠爾答應了這六個貧家子弟的請求，事後他突然想到：「一定還有許多年輕人和這六位學生一樣，想學習知識，但又付不起學費上大學，我應該爲這些窮困的年輕人辦一所大學。」

於是，他爲了籌建大學而開始進行募捐。當時，建一所大學大概要花一百五十萬美元。康惠爾四處奔走，忙著在費城各地演講，這樣努力奔波了五年，豈知竟然還湊不足一千美元。

康惠爾爲此感到非常難過，有一天心情低落地來到了另一間教堂，正想著下星期要準備的演講稿。

就在他低頭之時，發現教堂周圍的草長得枯黃雜亂，便問園丁：「爲什麼這裡的草，長得不像別間教堂那樣青綠呢？」

園丁抬起頭，不以爲然地看著牧師說：「你認爲眼中這地方的草長得不好嗎？

那是因爲你把這些草和其他地方的草做了比較的緣故。我們總是看到別人美麗的草地，希望別人的草地就是我們的，卻很少認眞整理自己的草地。」

沒想到園丁不經意的一段話，頓時令康惠爾恍然大悟，他跑到教堂裡開始流暢地撰寫演講稿。在演講稿中他以激勵的語氣這樣寫著：「我們總是讓時間在等待和觀望中白白流逝，自己卻忘了可以親自動手，讓事情朝著我們所期望的方向發展。」

不久之後，康惠爾牧師在這股動力推促下終於完成願望，創立了一所嘉惠窮人的大學。

法國文豪雨果曾說：「我寧願靠自己的力量，打開我的前途，而不願乞求有力者的垂青。」

一般人總習慣看著別人的成就而羨慕不已，卻不肯親自耕耘屬於自己的美麗花園。

對康惠爾牧師來說，當他努力為費城的貧困子弟四處奔跑時，大部份的人只肯給予同情的眼神，卻不肯付出幫助。

牧師發現不同地方的草地經營，發現人們只會羨慕的慣性，於是，他把「自己的夢想要自己實現」的觀念傳遞出來，希望能讓所有人知道，只要願意，任何夢想都能實現。

當我們羨慕別人用手整理出美麗花園，何不也親自動手整理一片屬於自己的美麗花園？

沒有毅力，就不可能創造奇蹟

英國物理學家哈密頓就曾說：「只要有耐心，感覺敏銳，即使智力不佳，也能在物理學上有新發現。」

你一定聽過，有些人的一天是四十八小時吧！

你覺得不可思議嗎？其實一點也不，因為對他們而言，沒有什麼分配不了的時間；對有效率、有毅力的人而言，時間是在他們的手中任意調配的。

德國著名的詩人歌德一生成就非凡，但是，誰也沒想到，他其實是一位業餘的作家。

他二十六歲時，艾瑪公爵請他擔任行政方面的工作，還要長期負責舞台的監督工作，一直到了晚年他才有較多的時間來寫作。

歌德流傳於世的著作共有一百四十三本，其中有一本世界文學的經典之作《浮士德》，內文長達一萬二千一百十一行。這些著作是他以驚人的毅力，不浪費生命裡的每一分每一秒，用盡一切辦法，把每一個空檔時間都充分利用的成果。

如果把時間視爲流水，那麼你也可以像歌德一樣，用毅力把流水積聚起來，做個可以爲自己人生發電的「攔水壩」。

沒有毅力就不會有奇蹟，在成功案例裡的每一個成功者，都是善於運用時間縫隙的人。

正如達爾文所說的：「任何科學發明，都得經過長期的考慮、忍耐和勤奮才能成功。」

所有科學家都公認，毅力甚至比智力還要寶貴，例如，英國物理學家哈密頓就曾說：「只要有耐心，感覺敏銳，即使智力不佳，也能在物理學上有新發現。」

這也就很多公司在應徵人才的時候，爲什麼會有這樣的一條要求：「要能刻苦耐勞」，現在你明白其中道理了吧？

那你呢，有沒有具備這樣的特質？

美麗的人生，因爲有風有雨點綴，才會顯得更加壯麗，生活不可能總是一帆風順，唯有堅持不懈，才會擁有這美麗人生。

人生不必苦短，因爲你可以掌控你的時間，只要充滿毅力，時間會因爲你的努力而加長；對於沒有決心的人，爲了避免他們過度浪費，時間會自然縮短。

時間分分秒秒的走動都是爲了你，如果你再不好好運用，生命時間肯定會快速轉動！

信心就是希望的火種

德國作家亨利希．曼說：「信心是希望的火種，往往在你摸索的黑夜裡，照亮前程的路。」

面對逆境或險境，你總是是慌張地亂了陣腳，還是沉著應對？不要把緊張和恐懼在最危險的時候表現出來，因爲，那只會讓對手更有把握對付你而已。

斯蒂克在第二次世界大戰時被徵召入伍，在聯軍登陸諾曼第之後，他就被送到歐洲戰場上，參加抗德戰爭。

他在前線歷經六個月的戰爭，他所屬的兩百多人隊伍，後來只剩下幾個生存者。不久，他從小兵升到了班長，還獲得三枚獎章和一個英勇勳章。

他曾經多次在深夜帶兵到敵後偵察，也曾數次襲擊敵方的營地，每次他都打前鋒，而且每次都是九死一生。

一次，在德國邊境的小鎮上，他擊毀了一架敵方的機關槍，還救了同袍一命。

有一次要深夜到敵後偵察時，他的排長命他帶領一群弟兄，穿過鐵絲網和地雷區，深入敵軍兵營裡探取情報。

這次斯蒂克仍然走在最前頭，不但帶回寶貴的情報，還俘擄了四個敵兵回來。

還有一次偵察行動中，斯蒂克帶著一班弟兄越過一座橋樑，進入了靠近德軍駐紮地的一間獨立小屋，就在黃昏時分，他們擊斃了一名攻入走廊的德軍。他和弟兄們在小屋中和敵人的屍體一起過夜，因爲和德國軍隊只隔著一座橋，士兵們都很害怕敵人會來圍攻，這時斯蒂克沉著地說：「勇敢一點，只要我們不畏縮，這一夜一定能安全渡過。」

有了斯蒂克的勉勵，一班弟兄們不安的心都鎮定了下來，也眞的平安地渡過了一夜。

德國作家亨利希・曼說：「信心是希望的火種，往往在你摸索的黑夜裡，照亮前程的路。」

培養你的自信心吧！

所謂的奇蹟和轉機，其實都是對自己有了信心後，能沉著應對，然後以不畏縮、堅持不懈和越挫越勇的精神，安然渡過每一個困難和危險。

只要充滿了信心，你就你自己命運的主宰，不管碰到任何危險事情都能逢凶化吉。

你可以選擇走向不同的人生道路

德國思想家歌德在《感想集》裡寫道：「能把自己生命的終點和起點連接起來的人，是最幸福的人。」

小塞涅卡曾經說過：「如果一個人不知道他要駛向那個碼頭，那麼任何風向都不會是順風。」

相同的道理，如果一個人不知道自己的人生目標，那麼，不論他就無法活出眞正的自己，當然也無法享受生活。

人的一生當中會有很多選擇題，雖然每個人的選擇都不同，但是，每個人心中都有各自的標準答案。

榮登美國職棒名人堂的打擊好手R．熱弗爾是在底特律貧民區裡長大的黑人，由於缺乏關愛和指導，童年時期他就跟別的孩子們學會了逃學、偷竊和吸毒。

剛滿十二歲那年，他就因爲搶劫一家商店而被逮捕，被送進少年感化所；到了十五歲的時候，他因爲企圖撬開辦公室裡的保險箱再次被捕，進了少年監獄；後來，他又因爲搶劫鄰近的一家酒吧，第三次被送入監獄。

有一天，監獄舉辦壘球比賽，一個年老的無期徒刑犯人看到他壘球打得很出色，便鼓勵他說：「小伙子，你還年輕，有能力去做些你想做的事，別再自暴自棄了。」

熱弗爾聽到後，心中不禁一震，回牢房後反覆思索老囚犯的話，終於做出了生命中最重大的決定。

雖然他還在監獄裡，但他突然意識到，他和一輩子都得在監獄渡過的老囚犯不同，因爲他還有機會選擇出獄之後要做些什麼事，他可以選擇不再入獄，他要選擇重新做人，當一個棒球選手。

五年之後，這個年輕人成了美國職棒大聯盟中底特律老虎隊的隊員，因爲一個偶然的機會裡，底特律老虎隊領隊馬丁訪問監獄，發現了熱佛爾的棒球天分，便努力協助他早日假釋出獄。

不到一年，熱弗爾就成了老虎隊的主力隊員。

儘管熱弗爾出生在社會的最底層，曾是被關進監獄的囚犯，然而老囚犯的一番話，終於讓他意識到自己的生命還有各種可能，於是選擇走向自己想走的路。

德國思想家歌德在《感想集》裡寫道：「能把自己生命的終點和起點連接起來的人，是最幸福的人。」

故事中，身陷牢獄的熱弗爾可以自暴自棄地告訴自己：「現在我在監獄裡，人生一片黑暗。」但是，他卻願意這麼想：「我要選擇走向不同的人生道路。」

自由選擇的權力，是你開創美麗遠景最有力的工具。

人生充滿選擇，不管是想法，還是前進的路途。沒有人會架著你要選擇走哪一條路，也沒有人能逼著你一定要怎麼想。

你想走向什麼道路，過什麼生活，這些都是屬於你自己的選擇權，如果你不自己在心中做好決定，那麼，縱使有再多的人伸手要幫你一把，你也會失手錯過每一次機會。

讓自己的生命充滿活力

高爾基在短篇小說《時鐘》中寫道：「人有兩種生活方式：腐爛或燃燒。膽怯而貪婪的人選擇前者，勇敢而積極的人選擇後者。」

儘管有人說，沒有雄心壯志的人，生活就會缺乏偉大的動力，自然無法有傑出的成就，但是，過度的渴望，常常會導致極度的失望。

其實，不必給自己太多偉大的志向，只要知道什麼才是生活的意義，把握當下去做你眞正想做的事，就算那只是件芝麻綠豆般的小事，也都會使你的生活中變得不平凡。

有個年輕人躺在公園的椅子上曬太陽，衣衫襤褸、神情萎靡，一直有氣無力地打著哈欠。

這時，有一個老先生走了過來，看著他，忍不住好奇地問：「年輕人，難得天氣這麼好，你不去做些有意義的事情，怎麼懶懶散散地在這裡曬太陽？豈不是辜負了大好時光？」

「唉！」這個年輕人嘆了一口氣說：「在這個世界上，我除了這個軀殼外，已經一無所有了，又何必費心費力地做什麼事？我啊，每天在這裡曬曬我的身體，就是我唯一可以做的大事了！」

「你沒有家嗎？」老先生好奇問。

「當然沒有！」這傢伙吃驚地回答：「你知道，與其背負家庭的重擔，倒不如沒有。」

「難道，你都沒有喜愛的人？」

「沒有，與其愛過之後反目成恨，不如乾脆不去愛。」

「那朋友呢？」

「也沒有，與其得到之後可能還會失去，不如乾脆沒有。」

「那你怎麼不想去賺錢？」

「那更不想，你想想看，錢賺了又會花光光，那何必勞心費力把自己搞得那麼累？」

「喔？是這樣嗎？」老先生若有所思地說：「看來，我得快點幫你找根繩子才行。」

「找繩子？幹嘛？」這年輕人好奇地問。

「幫你自殺啊！」老先生一臉認眞地說。

「自殺？你幹嘛叫我去死？」這年輕人驚詫地叫了起來。

老先生看著他說：「是啊，人有生就有死，以你的推論，那與其生了還會死，不如乾脆就不要出生算了。現在你的存在，根本就是多餘的，那不如死了算了，那不是正合你的邏輯嗎？」

年輕人聽了這話，低下了頭，不敢再回話。

如果你在街上問那些熙來攘往、行色匆匆的行人：「現在你過的，是你眞正想過的生活嗎？」相信，你會收集到很多「皺眉」和「苦笑」，因爲很多人根本連自己想要什麼都不知道，又怎麼會有開心的生活呢？

俄國文豪高爾基寫道：「人有兩種生活方式：腐爛或燃燒。膽怯而貪婪的人選擇前者，勇敢而積極的人選擇後者。」

什麼才叫生活的意義，什麼才是生命的價値，每個人的標準不同，但是要找到自己眞正想過的生活，卻是共同的準則。

給你一個良心建議，不必非得豐功偉業，也沒有必要立志當聖人，只要認眞想想，自己要的到底是什麼，興趣在哪裡，爲什麼而生活，你就不會像故事中的年輕人萎靡地躺在公園的椅子上曬太陽，也不會有人覺得你活著是多餘的！

要讓自己的生命更豐富

人生是否有意義，全看我們的生活態度，看你是要隨波逐流，還是把住輪舵，朝著固定的目標行進。

每個人都有許多基本慾望。就慾望本身而言，它們當然言之成理，但歸根結底，它們都有自私的成分。

當我們開始走進社會時，總不免取之於社會者多，供之於社會者少，但如果始終只希望別人滿足自己的種種慾望，而不想對社會有所貢獻，那麼這樣的人，就沒什麼價值了。

我們不是常常見過許多人，雖然所有的慾望都已得到滿足，可是他們的成就卻極其渺小，幾乎等於零？

如果我們要得到別人賞識，就一定要有所作爲，如此才可能爭取到人家的賞識。雖然有時候，即使是做了一件非常有價值的事，也未必會得到他人的讚賞，可是我們應該記住，有意義的工作，本身就是一種酬勞，至於別人是否知道，那都是次要的。

英國的南丁格爾女士不顧親友的反對，勇敢做著女人從未做過的看護戰場上傷殘士兵的工作。

她的這個舉動開始並沒有得到人們的讚揚，而是到她老了，人們才感受到護士工作的意義。

同樣的，我們想要有朋友，自己必須友善才行。因此，我們不該在四周築起高牆來，而是應該主動架橋，與他人進行聯繫才是。只有當我們多表現自己，雙手多出力時，才能獲得快樂。

現代人相當沒有安全感。雖然安全感太少會打擊我們，可是如果安全感太多，也會磨滅我們上進的心。

而且，有一點我們得記住，如果整個社會都沒有安全感的話，那麼我們自己也不可能會有太多的安全感。

所以，我們最深遠的需要應該是內心及情緒上的安全感。只要能做到這一點，即使在置身在荒野或暴風雨中，一切都處於不安定當中，可是我們心頭仍能獲得一片平靜。

一個人生活是否豐富，是否多采多姿，全看他與現實社會的接觸面是否廣泛，對人生的興趣是否濃厚。假使我們心裡只有一根弦，那麼彈出來的音樂當然會非常單調乏味。

哈佛大學校長艾略特常說，他的工作，有百分之九十屬於經常性事務，可是他從不抱怨。因爲只要機會一來，他就有足夠精力去從事於另外百分之十的創造性和冒險性工作。

所以，人生是否有意義，全看我們的生活態度，看你是要隨波逐流，還是把握住輪舵，朝著既定的目標行進。

英國詩人濟慈、伯恩斯和雪萊，去世時都不滿四十歲，可是他們都曾好好地活過，也忍受過苦難，所以雖然生命短暫，但他們的生活卻比活一般人還要豐富。

生命是一個奇妙的賞賜，而且是稍縱即逝的，至於如何充分運用，則全看每個人的努力。假使我們希望擁有很豐富的生命，就可以獲得豐富的生命。

不要爲自己的退縮找藉口

法國作家杜伽爾在《蒂博一家》裡寫道：「如果不把生命、思想、信念化為行動，那麼，所有的一切就什麼意義也沒有。」

成功的法則很簡單，當你爲自己訂下計劃並且跨出了第一步，只要堅持到底就一定會成功。

只是，一路的意想不到和滿路的荊棘，外加隨之而來的困難與障礙，往往讓你面臨了各種挑戰和考驗。

這時候，或許你會找藉口讓自己鬆懈、退縮，甚至放棄。當然你可以這麼做，但是，如果你想成功，希望得到歡聲雷動的喝采，你就不能給自己任何退縮和放棄的「藉口」。

眾所皆知，美國西點軍校是培育優秀將領的搖籃，在西點軍校受訓的學生，有四條必須嚴格遵守的校訓，其中一條就是：「沒有任何藉口。」

這是西點軍校由來已久的傳統，不管是遇到學長或長官問話，新生只能有四種回答：

「報告長官，是！」

「報告長官，不是。」

「報告長官，沒有任何藉口。」

「報告長官，不知道。」

除此之外，可不能多說任何一個字。

平時，如果有長官問：「你認爲你的皮鞋這樣就算擦亮了嗎？」一般人的第一個反應，肯定是急著爲自己辯解：「報告長官，剛才不小心有人踩到我的腳。」

但是，在西點軍校絕對不能這樣回答，因爲任何辯解都不被允許，也不被接受，你只能從上面那四個標準回答中做選擇，回答說：「報告長官，不是。」長官如果再問爲什麼會如此，你也只能這樣回答說：「報告長官，沒有任何藉口。」

也許你會認爲他們是在軍校受訓，當然要這麼嚴格。

但是，培養這樣的生活態度，在任何領域都非常受用。

你必須學會忍受一切，不管事情如何發生、情況怎樣，重要的是你有沒有行動力，因爲你在皮鞋被踩到的當下就要重新擦拭乾淨，或者一開始就要避免讓這樣的事情發生。

也許你會認爲這樣並不公平，但是，人生本來就充滿不公平，只要有這個觀念，你就會用堅強的毅力來激發自己的潛能，讓生活除了行動之外還是行動。

姑且不談西點軍校那些斯巴達的教條合不合理，一個人若是想把生活變得更有意義、更有價值，那麼，就不能做「言語上的巨人，行動上的侏儒」。

不要老是替自己找藉口，必須鞭策自己採取行動，以實際的做法讓每一天都是生命中的傑作。

法國作家杜伽爾在《蒂博一家》裡寫道：「如果不把生命、思想、信念化為行動，那麼，所有的一切就什麼意義也沒有。」

爲了成功，無論碰到多大的困難都不要停止行動，對於成功者而言，在種種困難的面前不應該有任何藉口。

只要你不再找理由推託，你就會有充裕的時間實踐你的夢想；只要你不再拿藉口搪塞，你就已經走在成功的道路上。

人生不論好壞都是你自己的，不要再用任何藉口來阻礙你的道路，只要你確定了前進的方法和方向，趕快跨出第一步，相信你很快就會走到夢想的未來！

5 PART

煩惱，都是因為自己胡思亂想

如果我們在面對各種競爭時，內心仍然可以優游自得的話，那無論外在環境如何變遷，我們自然就能以冷靜的態度來面對。

用冷靜的頭腦靈活思考

如果你想成為一個成功的人，那麼，請先好好地鍛鍊自己的思考能力，並且積極培養其他的才能吧！

一個人的思考方式，可以決定他是否具備隨機應變的能力，也決定著日後的成功或失敗。

成功的人不一定擁有特殊的才華或能力，但是他一定擁有冷靜的頭腦和靈活的思考方式。

華盛頓心愛的馬不見了！尋找了好多天，最後竟然在鄰居的農場裡發現這匹失竊的馬。

華盛頓帶著警察到鄰居家想討回公道，但是鄰居打死也不肯承認，硬說馬原來就是他的，而且反過來指稱華盛頓誣賴他。

就在雙方僵持不下的時候，華盛頓突然想到了一個方法，馬上用手將馬的雙眼捂住，然後對鄰居說：「既然你說這匹馬是你的，那麼，你能夠說出牠哪隻眼睛是瞎的嗎？」

「我當然知道！牠瞎的是右眼。」鄰居很快地回答道。

華盛頓聽完，立刻放開遮住右眼的那隻手，在場的衆人一看，這匹馬的右眼居然是雪亮的。

鄰居一看，馬上改口說：「對不起，我弄錯了，我的馬瞎的是左眼！」

華盛頓把左手也移開，馬的左眼也是正常的。

鄰居還想爲自己辯解，這個時候，警察開口了：「這已經足以證明馬不屬於你了！華盛頓先生，你可以把馬牽走了！」

古羅馬思想家西塞羅曾經寫道：「人拋棄理智，就要受感情的支配，脆弱的感情氾濫到不可收拾，就像一艘船不小心駛入深海，找不著停泊處。」

這番話提醒我們要用冷靜的頭腦靈活思考，判斷事物的時候，千萬不能帶有偏見，也不要充斥主觀認知，如此才能從各種角度看清事物的眞實面貌。

由於華盛頓善於利用思考的力量，急中生智使鄰居露出馬腳，最後不得不將馬還給他。

這個小故事同時也說明了，如果你想成爲一個成功的人，就必須好好地鍛鍊自己的思考能力，並且積極培養其他的才能，如此一來，才能面對生活中的各種挑戰，一步步走向成功的道路。

錯誤不一定是壞事

既然錯誤是無法避免的過程，那麼如何讓錯誤轉化成積極的助力，就是我們應該學習的課題。

不論做什麼事，要求完美是每個人的希望。

沒有人希望自己在做事的時候發生錯誤，可是往往事與願違，錯誤還是會發生。其實，出錯有時候反而是一件好事，因爲錯誤能夠帶來你進步的空間。

西元一千五百年前，有人在義大利的佛羅倫斯，挖掘到一塊質地十分細緻精美的巨型大理石。

這塊大理石的外觀很適合雕刻人像，但是，因爲它實在太完美了，所以始終沒有雕刻家敢動手雕刻，深怕一不小心就毀了這塊完美的大理石。

後來，終於有一位雕刻家決定挑戰這塊大理石，但是他只動手鑿了幾下，就發現自己沒辦法創造出傑作，便因此放棄了雕刻大理石的念頭。

最後，這塊大理石被米開朗基羅雕刻成舉世無雙的傑作——大衛像，可惜的是，因爲之前那位雕刻家實在鑿得太重了，所以在大衛身上留下了一點無法掩飾的傷痕。

有人看到了這個傷痕，便問米開朗基羅說：「您會不會怪之前那位雕刻家呢？因爲他的貿然嘗試，讓你的作品留下了瑕疵。」

「一點也不！」米開朗基羅回答道：「我反而很感謝之前那位雕刻家，要不是他的愼重，這塊大理石也許早就不存在，現在也不會有大衛像的產生了。而且，這個傷痕的存在正可以無時無刻地提醒我，我的每一鑿都不能有絲毫的疏忽。如果沒有這個傷痕，我的大衛像也許就沒辦法那麼完美了。」

既然錯誤是無法避免的過程，那麼如何讓錯誤轉化成積極的助力，就是我們應該學習的課題。

不管多有才能的人，也無法將事情做得十全十美，所以，要想成爲一個受重視的人才，除了能力之外，還要培養自己冷靜處理錯誤的能力。

畢竟，錯誤的經驗也是難得的學習，更是下一次成功的踏板，如能從處理錯誤的過程中得到教訓，那麼就能離成功越來越近。

適度吝嗇，有何不可？

如果你清楚自己的目標，在完成目標之前，要是有人以吝嗇來嘲笑你，你大可以理直氣壯的承認：沒錯，我就是「吝嗇」！

在一般人的認知裡，「吝嗇」代表著小氣、斤斤計較、不好相處……等，都是負面的印象，幾乎不會有人認爲吝嗇也是有好處的。

但是，吝嗇是不是眞的那麼不好？

看過了下面的故事之後，相信你對吝嗇的定義，會有一番不同的看法。

居禮夫人和居禮先生結婚的時候，夫妻兩人住的房子裡，只有兩把椅子，兩個人正好一人一把。

居禮先生覺得只有兩把椅子未免太少了，便建議居禮夫人多買幾把椅子，這樣一來，如果有客人來了，才方便招待，讓客人多坐一會。

居禮夫人聽了，搖搖頭對居禮先生說：「多買幾把椅子是沒有關係，可是，如果椅子多了，客人留在家裡面的時間就會長了。我們爲了招待客人，勢必會浪費很多時間。爲了我們的研究工作著想，還是只要兩把椅子就夠了。」

就這樣過了幾年，這對沒有給自己的房子增加一把椅子的年輕夫婦，卻給化學界增加了兩種嶄新的化學元素——釙和鐳。

到了一九三三年，居禮夫人的名望已經是如日中天，薪水也已經增加到一年四萬法郎。

雖然居禮夫人已經有能力過富裕的生活，但是她依然「吝嗇」如昔。

每次從國外回來，她總會帶回一些國外首長宴請她的菜單。因爲，這些菜單都是用很厚很好的紙張印製的，在這些紙張的背面書寫物理、數學算式都非常好用。

除此之外，居禮夫人的一件毛料大衣可以穿二十年之久，而且她毫不介意。有人因此形容居禮夫人「一直到死，還像一個忙碌的貧窮婦人」。

有一次，一位美國記者爲了訪問居禮夫人這位著名學者，特地來到她居住的小鎮。這位記者向一位低著頭、赤著腳坐在一幢房子門口石板上的婦人打聽居禮夫人的住所時，當這位婦人抬起頭，記者不禁大吃一驚，原來這個看起來毫不起眼的婦人，就是居禮夫人！

其實，居禮夫人並不是吝嗇，只是因爲她很清楚自己的目標是什麼，爲了不浪費額外的時間在瑣事上，才會讓其他人誤以爲居禮夫人很「吝嗇」。

居禮夫人的故事，讓「吝嗇」有了截然不同的意義。

她不買新的椅子，是不想被別人打擾她的研究；她使用菜單的背面來計算，是爲了節省書寫的力氣，好用來做其他的事；她一件衣服穿二十年，是因爲她覺得她的頭腦比外表重要，與其花時間裝扮自己，不如用這些時間讓自己做更多的發明貢獻。

由此可知，任何事物都具備正反兩面的意義，要呈現哪一方面的意義，完全操控在你的行爲。

居禮夫人用她的行動推翻了吝嗇給人的負面印象，如果你像居禮夫人一樣清楚自己的奮鬥目標，在孜孜不倦完成目標之前，要是有人以吝嗇來嘲笑你，你大可以理直氣壯地承認：沒錯，我就是「吝嗇」！

煩惱，都是因爲自己胡思亂想

如果我們在面對各種競爭時，內心仍然可以優游自得的話，那無論外在環境如何變遷，我們自然就能以冷靜的態度來面對。

現代人最大的煩惱，就是「煩惱太多」。

現代社會競爭激烈，幾乎從一出生開始，就必須面對競爭。小時候是學業成績的競爭，出了社會是工作競爭，等年紀大了，又爲了自己的孩子而要與別人競爭。由這些競爭衍生出來的煩惱，自然就不勝枚舉了。

以下這個故事，或許會給你一些啟示。

有一個小沙彌正在學習如何入定，可是每一次他快要入定時，旁邊都會出現一隻大蜘蛛來搗亂，讓他沒辦法專心。

小沙彌無可奈何之下，只好請教老和尚。

小沙彌對老和尚說：「師父，我每次要入定時，都會有一隻大蜘蛛出來搗亂，趕也趕不走，該怎麼辦呢？」

老和尚回答：「這樣吧，你下次準備入定時，先準備一枝筆拿在手上。如果大蜘蛛再出來搗亂，你就在蜘蛛的肚皮上畫一個圈，看看到底是什麼妖怪在擾亂你？」

小沙彌遵照老和尚的囑咐，準備一枝筆拿在手上。等到準備入定時，大蜘蛛果然又出現了，小沙彌馬上拿起筆在蜘蛛的肚皮上畫了個圈圈。

沒想到才畫好，大蜘蛛就不見了，因爲沒了大蜘蛛，所以小沙彌能夠安心的入定，再也沒有被干擾。

過了好長一會，小沙彌結束入定，睜開眼睛一看，赫然發現原來畫在大蜘蛛肚皮上的那個圓圈，竟然出現在自己的肚皮上！

這時候，小沙彌才明白，原來一直在入定時擾亂自己的蜘蛛，不是來自外界，而是源自於自己的思想。

從此，他對修行才有了更高境界的領悟。

小沙彌的困擾來自於自己，這也說明了我們絕大部分的煩惱，都是自己的胡思亂想。

有句話說：「天下本無事，庸人自擾之」，世界上的事往往就是這樣，外在環境會產生變化是自然的，就像激烈的競爭，是因爲社會飛速進步的關係一樣。

眞正會產生決定性因素的，反而是我們內心的想法。如果我們在面對各種競爭時，內心仍然可以優游自得的話，那無論外在環境如何變遷，我們自然就能以冷靜的態度來面對，不該有的煩惱也因此而減少許多。

自然，是美麗的最高境界

美麗的最高境界就是自然，濃妝艷抹給人的印象，遠不如清新自然來得討人喜歡。

每個人多多少少都會對自己的外表感到不滿意，想要變得更美，尤其是女性，對外貌斤斤計較的程度，由媒體上花樣百出的各種塑身廣告、美容產品等就可以窺知一二。

當然，愛美是人共通的天性，但不是每個人都懂得用對的方法讓自己更美，否則也不會有這麼多弄巧成拙的新聞出現。

某家唱片公司傾全力要塑造出一位年輕的偶像男歌手，除了進行長期歌唱技巧訓練之外，還安排了服裝儀容訓練、說話技巧訓練等各式各樣的課程，希望能夠讓這位新人一砲而紅，成爲耀眼的明日之星。

經過長期的訓練，這個新人果然脫離原本的青澀稚嫩，才剛出道，上電視節目宣傳時說起話來不但頭頭是道、有條有理，不遜於主持人，服裝造型也沒有絲毫瑕疵，歌唱技巧更是無懈可擊。

這麼完美、搶眼的新人，自然會受到媒體的注意。

可是，奇怪的是，唱片公司努力了兩年，耗費了許多成本訓練出的新人，卻始終沒有成爲一鳴驚人的偶像。

唱片公司高層開了許多會，還是百思不解新人沒有辦法成爲偶像的原因，於是，決定請一位知名的形象專家重新來爲新人塑造形象。專家一出手，情況果然就大不相同，才短短幾個月，新人就成爲紅遍大街小巷的超級偶像。

專家讓新人翻身的方法非常簡單，首先，不但沒有再繼續訓練新人，反而還停止一些沒有必要的訓練課程，外表的造型也由原來的光鮮亮麗恢復平凡。專家儘量拿掉新人的外在包裝，並且要求新人恢復大男孩原本該有的青澀模樣，不要故作成熟穩重。

專家對新人說，就算回答問題時講話結巴也沒有關係。

就這樣，新人去除了多餘的包裝，遇到敏感的問題還會臉紅的模樣，深受歌迷們喜愛，而說起話來欲言又止的樣子更是讓歌迷們心動。很快的，新人果然不負唱片公司所望，成爲衆所矚目的偶像。

美麗的最高境界就是自然——自信自在做自己，濃妝艷抹給人的印象，遠不如清新自然來得討人喜歡。

就算是整形，也沒有人希望整形後的結果會看起來很假，可見每個人心目中對美的看法，還是以自然爲基礎。

其實，所謂的自然，簡單說就是「適合自己」。只要能找出最適合你的裝扮，專屬於你個人的美就會自然散發出來。這種自然美，才是別人無論如何也模仿不來的。

一個人的成就，大部分來自於他不在乎那些別人低估自己的評論，不論別人如何低估自己、看衰自己，絕對不會受到別人的影響而「小看自己」，如此，才能在別人一片不看好自己的情況下，活出自己的自信人生。

充滿熱忱就是快樂的法門

快樂的條件不在金錢多寡，不在外表是否漂亮，也不在頭腦是否精明。快樂的真諦，在於擁有理想和希望。

快樂的定義有很多，根據世俗的定義，快樂不外乎要有充足的金錢、漂亮的外表或是聰明的頭腦……等等。

但是，當這些東西你都有了，是不是就一定會快樂呢？

大家都知道希爾頓飯店是世界知名的連鎖飯店，可是卻很少人知道，希爾頓飯店的創辦者康那特．尼柯爾森．希爾頓是直到三十一歲的時候，才下定決心經營旅館的。

在這之前，希爾頓曾經做過許多不同的工作，也因爲這些工作，使他累積了各式各樣的經驗，成爲他日後經營飯店時最重要的參考。

除了經驗之外，行銷學者觀察出希爾頓另一個成功的要素，就是隨時隨地讓自己保持熱忱。

希爾頓曾經說過，只要讓自己樂在工作，熱忱自然而然就會跟著出現，因爲快樂的心境能讓自己的身心保持年輕狀態，而充滿著熱忱。

一個老邁且孤獨的富翁，不會比一對爲子女勞碌的貧窮夫妻來得快樂；同樣的，一個嬌生慣養，從小到大養尊處優的青年，不見得會比一個獨立自主的人來得快樂。

由此可知，一個沒有未來的人，或是不知道未來在哪裡的人，是很難得到眞正的快樂的。

就像希爾頓一樣，即使在三十一歲才決定開創自己的事業，也因爲具備快樂的特質，讓自己的事業能夠成功。

可見快樂的條件不在金錢多寡，不在外表是否漂亮，也不在頭腦是否精明。快樂的眞諦，在於擁有理想和希望。

世界上有太多人只會坐視時間流逝，卻不懂得掌握有限的時間，積極完成自己的夢想，爲自己創造奇蹟。

掙脫忙碌的假象

如果我們只知道忙碌工作，而不適時放鬆自己的話，隨之而來的壓力總有一天會把我們壓垮。

我們生活在一個緊張而且異常匆忙的時代，不管做什麼事，我們都已經習慣了匆忙的步調。

因爲我們認爲「時間就是金錢」，所以就算是自己的親人，我們也沒有辦法停下來關心他們。久而久之，感覺麻木了，心靈空虛了，連最重要的工作，也會逐漸的失去意義。

古希臘時代的歷史學家希羅多德，曾經詳細紀錄過偉大的埃及國王阿馬西斯的言行舉止。

根據希羅多德的記載，每天天才剛亮，阿馬西斯國王就開始工作，審閱從各地來的公文。

然而，一到中午，阿馬西斯國王就會停止所有正在進行的會議或者審判，整個中午都不工作，悠閒地和其他官員、軍隊將領們一起吃豐盛的午餐。

在午餐時間，大家一起講故事、說笑話、玩遊戲和痛飲麥酒，在這個時候，君臣之間該有的禮儀都不重要了。根希羅多德的記錄，阿馬西斯國王的行為，有時候還比大臣們還要瘋狂！

有一次，阿馬西斯國王的幕僚告訴他，有人對他的行為很不滿意，認為國王的行為應該是高尚的，這樣才能與王室尊貴的身份相配。

阿馬西斯國王聽完幕僚的話之後，說道：「弓箭手會在上戰場前將弦拉緊，等到戰爭結束後，就又會把它放鬆。因爲如果不放鬆的話，弓弦就會失去彈性，等下一次弓箭手需要用它時，它就已經毫無用處了。」

希羅多德沒有在其他政事上對阿馬西斯國王有太多的著墨，但是根據歷史的記載，阿馬西斯國王統治時期，是埃及歷史上最繁盛的時期。

在經濟不景氣，物價又不斷飆漲的年代，許多不想淪爲赤貧階級的人，不得不更賣力工作，總是爲了不確定的生活苦惱不已。

但是，如果我們只知道忙碌工作，而不適時放鬆自己的話，隨之而來的壓力總有一天會把我們壓垮。

要是我們學會在忙碌的生活中，分配出與別人交流的時間，不但能增進人際關係的和諧，我們自己也能適時得到一個喘息的機會。

現代人當然要讓忙碌成爲自己生活的一部分，但千萬不要讓它成爲全部。

危機是進步的階梯

人生不可能隨時隨地一帆風順，一帆風順也無法讓你進步。只有當你克服危機的時候，才會出現讓你更上一層樓的階梯。

沒有人喜歡遇到危機，因爲危機代表了許許多多的麻煩。

這些麻煩一旦出現，如果處理得不好，就個人來說是捲舖蓋走路；就企業而言，小則信用受損，大則破產倒閉。

幾乎沒有人會給危機正面而肯定的評價，可是，危機是不是眞的都是壞的呢？

其實，並不一定，只要不小看自己，有時危機的發生，反而會激發自己從來未曾展現過的潛能。

這是一個發生在日本的神奇而眞實的故事。有一天，一位粗心大意的年輕媽媽到街上購物，把四歲的孩子單獨留在家中。等到回家的時候，因爲在住家大樓附近碰到熟人，於是就停下來和熟人聊天。

聊到一半的時候，這個年輕媽媽突然看到熟人露出驚愕的眼光，她連忙回頭一看，才發現自己家十二樓的窗子是開著的，而四歲的孩子正爬在窗台上向媽媽招手！

年輕媽媽還來不及叫小孩趕快離開，孩子已經一不小心從窗台上失足掉了下來。年輕媽媽連驚叫的時間都沒有，隨即丟下手中的東西，不顧一切的向孩子落下的方向奔去。

就在孩子快要落地的瞬間，年輕媽媽穩穩地接住了孩子，而這個媽媽所穿的，還是最不方便活動的窄裙和高跟鞋！

事後，某家電視台爲此做過一次模擬實驗，從十二樓的窗口扔下一個枕頭，讓最身手最靈活的消防隊員從相同的距離跑過來抱住枕頭。

消防隊員試了很多次，和枕頭的距離卻始終差得很遠。

因爲沒有危難刺激腎上腺，激發體內蘊藏的潛能，所以優秀的消防員也比不上一個年輕母親，由此可見，只要不是危急、災難，危機的出現，有時候並不一定是壞事。

如果個人工作出現了危機，我們可以藉處理危機增強自己的能力，也因此得到一個寶貴經驗。要是企業出現危機，在調整經營策略和方針的過程中，也未嘗不能發現新的商機。

從正面的角度來看待危機，不就是增強自己的「危機處理」能力嗎？

人生不可能隨時隨地一帆風順，一帆風順也無法讓你進步。只有當你克服危機的時候，才會出現讓你更上一層樓的階梯。

6

PART

何不換個心境面對人生？

海倫．凱勒曾說：「如果一個人從他的庇蔭所被驅逐出來，他就會去造一所塵世的風雨所不能摧殘的屋宇。」

心情樂觀就能渡過難關

二十世紀最偉大的發明家愛迪生曾說：「不管環境變換到何種地步，我的初衷與希望仍不會有絲毫的改變。」

從心理學而言，感到絕望與對令人絕望的狀況有所了解，是兩種完全不同的心理狀態。

後者是客觀地認識自己所處的情勢，前者則是無法客觀地審視自己的處境。

所以，當我們感到絕望時，只要能設法弄清楚局勢，不但能使心情樂觀，還可以讓自己走出絕望之外。

第二次世界大戰爆發前，國際政治局勢充滿濃烈的火藥味。

由於戰爭已經到了一觸即發的局勢，有位英國政府官員驚慌地對首相邱吉爾說：「我認爲事情已經到了完全絕望的地步。」

邱吉爾聽完卻若無其事地說：「不錯，是已經到了無以復加的絕望地步。」但他接著又說：「不過，面對這樣緊張的局面，我覺得自己似乎年輕了二十歲。」

許多人陷入絕望狀態時，總是想盡辦法逃避，但是，邱吉爾卻選擇面對、接受，即便再絕望的情況，他也能用樂觀的心情加以面對，讓自己充滿奮鬥的精神。

二次世界大戰結束後，邱吉爾的生活由絢爛歸於平靜，有一次他應邀到劍橋大學爲畢業生致辭。

那天，他坐在貴賓席上，頭戴一頂高帽，手持雪茄，一副優游自在的樣子。

經過隆重的介紹之後，邱吉爾走上講台，兩手抓住講台，認眞地注視著觀衆不發一語，大約有二分鐘之久。

然後，他才開口說：「永遠，永遠，永遠不要放棄！」接著又是一陣靜默，然後他又再一次大聲重複說：「永遠，永遠，不要放棄！」

這是歷史上最簡短的一次演講，也是邱吉爾最膾炙人口的一次演講，不過，這些都不是重點，重要的是你聽進邱吉爾「永遠不要放棄」的忠告了嗎？

做任何事一旦半途而廢，不管你前面付出了多少，立刻都會化成一陣白煙消失不見，經不起任何風吹雨打及考驗的人，根本別想獲得勝利。

當你聽到邱吉爾這番話之時，你能感受他的力量，從而給自己一點堅持的勇氣嗎？

二十世紀最偉大的發明家愛迪生曾說：「不管環境變換到何種地步，我的初衷與希望仍不會有絲毫的改變。」

只要你記得，不到最後關頭絕不言放棄，堅持不懈的努力，你才會獲得人生中最美味的果實。

何不換個心境面對人生？

海倫．凱勒曾說：「如果一個人從他的庇蔭所被驅逐出來，他就會去造一所塵世的風雨所不能摧殘的屋宇。」

除了臨死前積蘊在心中的遺憾外，還有什麼是生命中不能承受的？其實，人生的意義不在於生命流程到底發生了多少悲慘的事情，而是你如何看待它們。

在一次飛行意外事故中，飛行員米契爾身受重傷，而且身上百分之六十五以上的皮膚都被燒壞了。

爲了治療，他總共動了十六次手術，才撿回一條命。

但是，手術之後，他既無法拿起叉子，無法撥接電話，也無法一個人上廁所。儘管如此，米契爾仍然堅定地告訴自己，他不能就此被打敗，他不斷激勵自己說：「我絕對可以掌握自己的人生，我可以把目前的狀況看成是一個起點。」

奇蹟出現了，六個月之後他竟然又能開飛機了。

重新開始的米契爾，在科羅拉多州買了一幢維多利亞式的房子，另外也買了房地產、一架飛機及一間酒吧。

後來，他更和兩個朋友合資開了一家公司，專門生產以木材爲燃料的爐子，這家公司後來變成佛羅里達州第二大私人公司。

沒想到，就在米契爾開辦公司後的第四年，在一次飛行途中，飛機再次出了狀況，這次把他的脊椎骨全壓得粉碎，腰部以下永遠癱瘓。但米契爾仍不屈不撓，努力讓自己的生命有所突破。

後來，他憑著堅韌的毅力，不但選上了科羅拉多州某個小鎮的鎮長，後來還競選國會議員，也拿到了公共行政碩士學位，並持續他的飛行活動、參與環保運動及公開巡迴演說。

某次演說時，米契爾相當感性地對台下的聽眾說道：「我癱瘓之前可以做一萬件事，現在我只能做九千件，或許我可以把注意力放在哀歎我無法再做的一千件事上，但是，我選擇把目光放在我還能做的九千件事上。」

海倫．凱勒曾說：「信心是一種心境，有信心的人不會在轉瞬間就消沈沮喪。如果一個人從他的庇蔭所被驅逐出來，他就會去造一所塵世的風雨所不能摧殘的屋宇。」

米契爾的人生遭受過兩次重大災厄，但是，他從不把災厄拿來當放棄努力的藉口，他的故事提醒我們，人其實可以用另一個角度，來看待一些讓自己灰心沮喪的經歷。

我們可以退一步想想自己還可以做什麼，然後我們就會充滿勇氣地說：「過去那些不幸遭遇，其實沒什麼大不了的！」

不管事情如何轉折，重要的是你怎麼看待。

人生就像坐在旋轉木馬上，儘管每轉一圈，眼睛所看到的景物都一樣，但是，心境不同就會有不同的感受與領悟。

生命的態度也是如此，不管事情怎麼發生，只要你堅持你的目標，清楚知道自己將怎麼前進，就算某一個夢想幻滅了，你也能夠沉穩地往前走你下一步的未來。

有機會遇上逆境也是一種幸福

愛因斯坦曾說：「通向人類真正的偉大的道路只有一條，那就是苦難的道路。」

伊索曾經在寓言中寫道：「有頭腦的人如果夠聰明，往往會把折磨自己的小事，化為成就大事的動力。」

確實，有智慧人絕對不會爲了小事煩憂，也不會讓負面情緒不停折磨自己，因爲他們非但不會讓小事影響自己的情緒和想法，還會試著把小事化爲成就大事的墊腳石。

在人生旅程中，並不是每一種我們所遭遇到不幸都是災難，只要我們以堅定的心情去面對人生中無法避免的災厄，很多時候，逆境就會變成另一種的祝福。

古希臘時代，雅典城有一個名叫基里奧的奴隸，很有藝術的天份。一天，他正在創作的時候，希臘官方竟頒佈了一條法律，規定奴隸若是從事藝術創作，就要判處死刑。

這項法令無疑宣告基里奧的創作生命死亡了，因爲他已經把整個生命和靈魂都投入在他的雕塑作品上。

基里奧的姐姐聽到了這項法令，和她的弟弟一樣，心中也感受到巨大的打擊。但是，她鼓勵著基里奧說：「你搬到我們房子下面的地窖去創作，一切生活上的需要，我都會供應你。你不必擔心，好好去做你想做的工作，我相信上帝會保佑我們。」

從此以後，基里奧在姐姐保護和協助下，日以繼夜進行著危險的藝術創作。

不久，雅典舉行了一個藝術展覽會，由身兼政府要員的藝術家波力克主持，希臘當時最著名的雕塑家菲狄亞斯、哲學家蘇格拉底，以及其他有名的大人物都參加了。

他們發現，在展覽作品中，有一組雕塑特別突出、耀眼，比其他作品都要出色。這組大理石雕塑吸引著了所有人的注意，藝術家們都同聲讚嘆。波力克於是問道：「這是誰的作品？」

但沒有人應聲，波力克又重複問了一次，還是沒有人回答。

在一片靜默中，忽然有一個少女被士兵拖了出來。

這個少女緊閉著嘴，眼中閃爍著堅定的神情，拖著她的士兵向波力克報告：「她知道這個雕塑的來源，但是她堅決不肯說出雕塑者的名字。」

士兵一再追問，但是少女仍然不說話，士兵恐嚇她再不說話就會被懲處，但是她還是緊閉著嘴巴。

波力克見狀，說道：「那麼，就把她關進地牢去。」

就在這時，一個滿頭長髮、面容憔悴，奴隸模樣的年輕人衝到面前哀求說：「求你放了她吧，是我，那組雕塑是我的作品。」

這時，現場的人鼓噪了起來，紛紛高聲呼喊著：「處死他！該死的奴隸！」

但是，波力克站了起來，說道：「不！只要我還活著，就要保護那組雕塑！法律最崇高的目標就是要保護和發展美好的事物。雅典之所以能聞名世界，那就是因為她對不朽藝術的貢獻，這位年輕人不應該處死，而應該站在我的身邊！」

隨即，波力克命令助手把手裡的桂冠戴在基里奧頭上。

愛因斯坦曾經這麼說：「通向人類真正的偉大的道路只有一條，那就是苦難的道路。」

我們所要面對的，除了發生在我們身上的每一件事之外，還要留意我們所要做出的反應是不是會造成自己和別人的傷害。

生活中無法迴避的困難會教導我們，應該以堅定的心情去迎接未來，縱使是在極為困難的處境中，也要保持自己的精神力量。如此一來，不僅可以超越痛苦和環境，更可以從體現的價值中，激勵、鼓動我們的生活。

成功和失敗都不可能單獨存在

日本作家松本順寫道：「失敗永遠是使人奮發向上的跳板，只有這樣認識失敗，而又能努力不懈的人，才是前途光明的人。」

每當一個人有所得的時候，同時也必然有所失，相對的，當他遭遇失敗的時候，通常也是站在另一個成功的起點。

成功和失敗都不可能單獨存在，而是彼此相依相存的。

一九三八年，本田宗一郎變賣了所有家當，全心全力投入研發更精良的汽車火星塞。他日以繼夜地工作，累了就倒頭睡在工廠，終日與油污為伍，一心一意只期望能早日把產品製造出來，好賣給豐田汽車公司。

他全心全力投入，甚至變賣了妻子的首飾，總算產品完成了，並送到豐田公司審核。

豐田公司審核品質後，卻評定產品不合格而將它退回。

但是，本田宗一郎並不氣餒，為了得到更多的相關知識，他重回校園苦修兩年，雖然他的設計經常被老師或同學們嘲笑，但他一點也不以為苦，咬緊了牙關往自我期許的目標前進，終於在兩年後取得了豐田公司的購買合約，完成他長久以來的心願。

當時，正處於第二次世界大戰期間，日本政府禁止民間買賣軍需物資，此外，戰爭期間，本田宗一郎工廠也免不了遭受美國空軍轟炸，還毀掉了大部分的製造設備。

不過，本田宗一郎在這樣的困境中，還是毫不灰心地找來一批工人撿拾美軍飛機所丟棄的炸彈碎片，他還戲稱那些是「杜魯門總統送的禮物」，把它們變成

本田工廠製造用的材料。

第二次世界大戰結束，日本又遭逢嚴重的汽油短缺，本田宗一郎又想出了新點子，試著把馬達裝在腳踏車上。他知道如果成功了，這樣新的交通工具，大家一定會搶著要。

果不其然，他裝了第一部之後就再也沒有停下來了，直到所有的馬達都用光了。這時他想，不如再開家工廠，專門生產他所發明的摩托車，但是有一個難題，遭逢幾次天災人禍，他手上已經沒有任何資金可以運用。

最後，他想出一個辦法，求助於日本全國十八萬家的腳踏車店，挨家挨戶的解說他的新產品，讓他們明白產品的特色和功能，結果讓他說服了其中的五千家，也湊齊了所需的資金。

時到今日，本田汽車已經成了日本最大的汽車製造公司之一，在世界汽車行業也佔有一席之地。

本田汽車能有今天的成就，全靠本田宗一郎始終不變的決心和不畏艱難的毅力。

日本作家松本順曾經在著作中如此寫道：「失敗永遠是使人奮發向上的跳板，只有這樣認識失敗的意義，而又能努力不懈的人，才是前途光明的人。」

有失敗才會成功，能成功就一定曾經失敗，這是成功的定律。

如果你問一個一帆風順的人，是否覺得現在很成功，相信他一定會回答你：「不就這樣，沒什麼好或不好。」

但是，要是你問一問名人們成功的過程，相信他們會異口同聲的告訴你：「其實，我也辛苦過好久。」

因爲失敗，你才會懂得珍惜成功，當你知道成功和失敗原來是相輔相成的最佳拍檔，就不會再害怕失敗！

有著燃燒的熱情，才能不斷成長

巴爾札克在《山間的百合》裡寫道：「熱情就像是熊熊的火焰，是一切的原動力！有無比旺盛的熱情，才可能持續偉大的行動。」

眞正成功的人士總是虛懷若谷，知道自己是一個尙未裝滿的瓶子。正因爲還沒裝滿，所以他們非常用心尋找生活中的每個學習機會，隨時聽取別人的建議。

反觀我們呢？是不是常常只完成了一件小事，就志得意滿，不屑別人的意見？

人生想過得多采多姿，並沒有什麼特別秘訣，只要謙沖爲懷，隨時保持學習的熱情，就不會失去成功的機會。

曾在紐約市戴爾．卡耐基學院任職的激勵作家齊格，在授課時認識了一位十分傑出的推銷員埃德．格林。當時，埃德．格林已經六十歲了，年收入大約有三十五萬美元。

有一天晚上下課後，齊格和格林聊天。

他直率地問格林，爲什麼要來卡耐基學院上課，因爲所有老師的薪水加起來也比不上他。

格林笑著述說自己小時候的一則小故事。

當格林還是一個小男孩的時候，有一次和爸爸到後院的菜園裡，他的爸爸是個非常專業的園丁，相當熱愛在園子裡耕作，常常爲自己的收成而開心不已。

當他們整理完菜園後，他的爸爸問他從中學到了什麼。

格林回答說：「我只知道爸爸非常用心在經營這片菜園。」

但是，對於這個回答，他的爸爸有些不滿意，叮嚀說：「兒子，我希望你能夠學會觀察，當這些蔬菜還青綠時，它們仍在生長；一旦它們成熟了，你就會發現它們已經開始腐爛。」

埃德·格林講完這個故事後，說道：「我一直沒有忘記這件事，我來這裡上課，是因爲我想讓自己保持成長。」

他並向齊格說，他從這些課程學會了一些東西，而且完成了一筆生意，那個是他花了兩年多的時間試圖完成的交易，他相信這些付出的錢，都將會加倍的回收，所以非常值得。

法國文豪巴爾札克曾經寫道：「熱情就像是熊熊的火焰，是一切的原動力！有無比旺盛的熱情，才可能持續偉大的行動。」

你是否對生活充滿熱情呢？

有沒有像埃德·格林一樣，保持生活中學習的熱情，讓自己不斷成長？

努力吸收養分，認眞充實自己，如果你一直保持追求成長的熱情，那麼就算你只是抬頭望了望天空，也會從任何飄過的流雲中得到生命的啓發。

只有過人的能力才能讓你東山再起

福特汽車的創辦人亨利・福特說：「在這個世界上，唯一可以保障你的，就是你的知識、經歷和能力。」

很多人只會注意到機會的有無，反而忽略了自己能力的提昇。

其實，只要是有能力、有實力的人，不放棄自己，肯努力爭取，機會就能隨時出現。

一九七八年，李・艾柯卡莫名其妙被福特汽車公司的董事長福特二世解僱。

艾柯卡出任福特公司的總經理之後，曾爲福特公司創造輝煌的業績，當時他正率領著福特公司全體員工，不斷地銳意革新，準備要和通用公司一拼高下。但是，福特二世發現艾柯卡的地位和威信與日俱增，開始威脅到他的領導權威，於是突然宣佈解除艾柯卡的總經理職務。

突如其來的變化使艾柯卡一下子從山頂摔到了地面，陷入個人生涯事業的最低潮。

還好艾柯卡的經營管理能力，早就衆所皆知，他憤而離開了福特公司，應克萊斯勒汽車公司邀請出任總裁，於是他站在起跑線上，再次重新出發。

儘管當時的克萊斯勒公司處於最嚴重的營運危機之中，連許多政府官員都預測，克萊斯勒公司就快要破產。

但是，艾柯卡卻憑著自己的才能和衝勁，率領全體員工努力奮戰，他勉勵著所有員工說：「只要我在，公司就不會倒！」

終於，艾柯卡反敗爲勝，使克萊斯勒浴火重生，擺脫了虧損局面，漸漸提高市場的佔有率，更提前把七年的貸款都還清了。克萊斯勒的浴火重生，讓艾柯卡再一次贏得了各界的讚譽和名聲，也讓他重登事業的巔峰，這全靠著他的積極行動所獲得的成果。

福特汽車的創辦人亨利．福特說：「在這個世界上，唯一可以保障你的，就是你的知識、經歷和能力。」

想要在這個競爭劇烈而又變幻莫測的時代出人頭地，毫無疑問的，一定要擁有過人的本事。

能力不是一天就能培養起來，必須靠著日月的累積。如果你不想錯過任何機會，那麼就要把自己變成擁有實力的人。

人生的成敗全看你的能力，只要具備了過人的能力，不管走到哪裡，就一定會得到重用，即使失敗了，過人的能力也能讓你迅速地「東山再起」。

成功之時，也有可能是失敗的開始

法蘭西斯．培根曾說：「凡是過於把幸運之事，歸功於自己的聰明和智謀的人，結局多半是很不幸的。」

法國作家勒納爾曾說：「謙遜，是一種最不會冒犯別人的驕傲。」

「勝不驕，敗不餒」，這不只是一句格言而已，而是爲人處世的備忘法則。

要求意氣風發的人不要把眼睛放在頭頂上，其實並不是一件容易的事，但是，如果你眞把雙眼擱在頭頂上，小心你就要被前面的小石頭絆倒。

一九八〇年，松下電器已經是一個資本高達兩兆億日元的大企業。這一年，松下幸之助提拔山下俊彥出任總經理，在第四次決算時，公司營業總額爲二兆一百五十二億五千八百萬日元，比起前一年同期成長了百分之七。

當時，日本的產業界中，除了松下電器之外，營業額能達二兆億日元的只有三家，即豐田汽車、日產汽車和新日鐵，而松下企業則比預定計劃提早一年突破了二兆日元的目標。

可是，身爲總經理的山下俊彥，心中雖然喜悅，卻沒有因此而露出驕傲的神情，他說：「營業額超過二兆日元固然可喜，但我還不能放心，在營業額成長的同時，我們還必須充實新內容，否則很快就會被追上。」

從這一年起，山下俊彥開始整頓公司的體制，著手進行革新，從家用電器製造到電子綜合產業，都經過一番改革。

山下俊彥說：「從銷售量上來比較，菲利浦是三兆八千億日元，美國通用電氣公司則是五兆億日元，而我們在銷售規模上還比不上他們，即使是利潤上，純利也只有百分之四而已，這比美國通用電氣公司的百分之六，還要低了許多。因此，我們還要努力，才能趕上通用電氣公司！」

山下俊彥告訴員工，不要只滿足於眼前的成績，要有不斷求新求進步的衝勁，向更高的目標邁進。因此，常常有人背後議論他：「山下先生的慾望未免太大了！」

然而，山下俊彥並不以爲意，他再次提出忠告：「我們在失敗的時候，反而能產生忍耐和克服困難的勇氣，會去反省自己的錯誤，弄清楚問題所在。因此，我們要時時刻刻牢記這種精神，才不會遭到失敗。」

法蘭西斯．培根曾說：「凡是過於把幸運之事，歸功於自己的聰明和智謀的人，結局多半是很不幸的。」

許多人會說失敗可怕，其實身處順境才更危險。一旦被提拔、晉升或小有成就，許多人就自滿於現況，而不知前進，一旦養成了驕傲自滿的心態，失敗也就即將開始孕育。從現實的經驗來看，人都是在一帆風順的時候，開始出現了問題。

為什麼他們成功之時卻馬上遭遇失敗？

這是因為，很多人常常因為辛苦了好久，終於成功，反而忘了之前的辛苦付出，不知道要更懂得珍惜和謙虛，一旦成功就志得意滿，目中無人了起來。

因此，人必須像山下俊彥一樣，在成功之時看見成功之外的危機。當你得意或某件事情圓滿解決的時候，不要興奮過頭，反而要更保持謹慎、冷靜的態度，你的成功才會恒久。

勇敢面對失敗的考驗

詩人布萊克說：「水果不僅需要陽光，也需要涼爽的夜晚和寒冷的水才能成熟，人生不僅需要成功的歡樂，也需要失敗的考驗。」

很多成功的人士都有過身處逆境的經驗，最後也都憑著堅強的鬥志戰勝眼前的逆境。

人生有時就像一場牌局，不論好壞，紙牌就在你手上，就等你運用智慧打一場漂亮的勝仗。

齊曼在一九八四年受命出任可口可樂公司總經理，當時的可口可樂公司面對百事可樂步步進逼，情況甚爲蕭條，因此，公司對他寄予厚望，希望靠他的營銷長才扭轉乾坤，一掃頹敗局面。

齊曼擬定的經營戰略是從改變可口可樂的配方著手，向市場推出了全新口味的「健怡可樂」，然後搭配強勢行銷廣告，希望藉此取得轟動效果，一舉拉抬銷售量。

不過，他卻犯了一個致命的錯誤，推出新配方的健怡可樂之時，卻沒有持續讓舊配方的可樂上市。

結果，強調新口味的健怡可樂完全打不進市場，這讓原本就每下愈況的可口可樂公司猶如雪上加霜，銷售額直線下降。短短七十九天之後，舊配方可樂被迫以「古典可口可樂」爲名，緊急重新回到超級市場的貨架上。

一年之後，齊曼黯然離開了可口可樂公司。

這對齊曼來說，無疑是一次巨大的挫敗，它不僅僅使齊曼蒙羞受辱，還徹底損害了他多年以來苦心塑造的個人形象。

但是，齊曼並沒有因此而一蹶不振，他離開可口可樂公司後，終日閉門苦思未來要走什麼道路，有長達十四個月的時間不曾與外界的人說過一句話。

當時，齊曼的心境十分孤獨，但他並不沮喪消沉，後來，他與友人合資開了一家諮詢公司。

他在亞特蘭大簡陋的地下室中辦公，憑著一台電腦、一部電話和一台傳眞機，爲微軟公司等客戶提供諮詢服務，就連可口可樂公司也曾來向他尋求建議。

七年之後，齊曼終於東山再起，重新回到可口可樂公司，爲可口可樂再創輝煌的銷售紀錄，也幫助公司改進經營管理。

對於這段歷程，可口可樂公司董事長羅伯特．戈塔事後感慨地說：「我們由於不能容忍錯誤而喪失競爭力，現在我們終於明白，一個人只有在不斷前進的過程中，才有機會摔倒。」

英國詩人布萊克曾經這麼說：「正如水果不僅需要陽光，也需要涼爽的夜晚和寒冷的水才能成熟，人生不僅需要成功的歡樂，也需要失敗的考驗。」

假如你不曾失敗過，那麼，就應該體驗一下失敗的滋味，如此才能積累更成功的資本。

人生的遊戲不在於是否拿到了一副好牌，而是要知道如何將一手爛牌打好，這個世界從來都沒有所謂的「常勝軍」，只有勇於超越自我的成功者。

7
PART

你的人生
只是夢幻泡影？

丹麥詩人皮特海因曾說：「人唯有像樹木一樣自然成長、飽經風霜，才能根深葉茂。」

失去了信念，你就會失去了一切

法國思想家沙特在解釋「存在主義」時說：「只有當一個人堅定自己的信念時，他才有生存下去的勇氣。」

懂得將眼光放遠的人，世界將無比遼闊，絕對不會讓自己陷入負面情境，他們會讓自己站得更高，看得更遠，望向更寬廣的世界。

你爲什麼而活著，又用什麼角度看待你的人生？

先認清你的生命態度，那麼，就算再顛簸的路，也會因爲你清楚自己的人生目標而被雙腳踏平。

在紐約警局發生過一個眞實的悲慘故事。

有位叫亞瑟爾的警察，在一次追捕行動中，被歹徒用槍射中了他的左眼和右腿膝蓋。

三個月後當他從醫院裡出來時，外表完全變了個樣，原本他是高大魁梧、雙目炯炯有神的年輕人，如今卻成了一個又瞎又跛的殘障人士。

紐約市政府和各種打擊犯罪組織頒給了他許多勳章和錦旗，他在接受訪問時，有個電台記者曾問他：「您以後將如何面對這個厄運呢？」

他充滿怨恨地回答說：「我只知道歹徒到現在都還沒有繩之以法，我發誓要親手把他抓到！」

亞瑟爾不顧任何人的勸阻，展開了追捕那個歹徒的行動，幾乎跑遍了整個美國，甚至有次爲了一個線索獨自搭機到歐洲去。

九年之後，那個歹徒終於在亞洲某個小國被逮捕，引渡回美國受審，這當然必須歸功於亞瑟鍥而不捨的追捕。在慶功會上，他再次成了英雄，許多媒體稱讚他是全美最堅強勇敢的人。

但是，誰也沒有想到，幾天之後，亞瑟爾竟然割腕自殺，留下遺書說：「這些年來，讓我活下去的信念就是抓住兇手……現在，傷害我的兇手已經判刑，我的仇恨化解了，生存的信念也隨之消失。面對自己的傷殘，我從來沒有像現在這樣絕望過……」

法國思想家沙特在解釋「存在主義」時說：「只有當一個人堅定自己的信念時，他才有生存下去的勇氣。」

亞瑟的結局很悲壯，卻又有那麼點滑稽，九年的艱苦日子都走過來了，到了最後爲什麼還會喪失生存的信念呢？

生命很脆弱，人的一生能有多少機會經歷大難而不死？

也許我們不能苛責亞瑟爾，但是在活下來的緝凶過程中，他卻看不見生命的難能可貴，也許應該說，在被兇手射傷的那一刻，他早已經死去，支撐他肉體繼續存活的是一股旺盛的復仇意念。

後來，亞瑟爾之所以失去了生存的意念，其實是他已經不知道自己爲什麼要活下來。

亞瑟的故事不啻提醒我們，不管經歷多大的困難，不管面對了多大的生命困境，失去一隻眼睛，少了一條腿，這些都並不要緊，可一旦失去了積極活下去的信念，就什麼都失去了。

勇氣會讓你逢凶化吉

英國桂冠詩人華茲華斯說：「堅韌是成功的一大因素。只要在門上敲得夠久、夠大聲，一定可以把裡頭的人叫醒。」

逆境是通往成功的唯一道路，也是鍛鍊意志的最高學府。鋼鐵之所以堅硬，是因爲它在烈火裡燃燒，又在冰水裡冷卻。人生其實也是如此，唯有遭遇過超越常人的苦難，才能獲得超越常人的成功。

一八六四年九月三日，瑞典首都斯德哥爾摩近郊的一家工廠，突然傳出一連串震耳欲聾的爆炸巨響，頓時濃煙佈滿天空，火舌不斷竄燒，短短幾分鐘時間，化學家諾貝爾前半生的心血化爲灰燼。

消防隊和當地民衆趕到出事現場時，只見原來的工廠已經蕩然無存，無情的大火吞沒了一切。

諾貝爾呆楞地站在火場旁邊，這場突如其來的災禍，把他嚇得面無人色，全身不住地顫抖著。

消防隊從瓦礫中找出了五具屍體，其中一個是他正在大學讀書的小弟，另外四個人則是和他情同手足的助手。

諾貝爾的母親得知小兒子慘死的噩耗，不禁悲痛欲絕，而他的父親因爲受到刺激而中風，從此半身癱瘓。

然而，遭遇這麼巨大的痛苦和失敗，並沒有讓諾貝爾就此放棄研發工作。

悲劇發生後，警察立即封鎖了出事現場，並嚴禁諾貝爾恢復工廠，當地民衆也像躲避瘟神一樣避開他，沒有人願意再出租土地讓他進行高危險性的實驗。

但是，這一連串挫敗和打擊，並沒有讓諾貝爾退縮。

幾天之後，有人發現離市區很遠的馬拉崙湖上，出現了一艘巨大的平底駁船，船上擺滿了各種實驗設備，有個人正全神貫注地進行一項神秘的試驗。他就是在大爆炸後，被當地居民趕走的諾貝爾！

因為充滿信心和勇氣，諾貝爾多次逢凶化吉，經過多次充滿危險的實驗，諾貝爾沒有和他的駁船一起葬身魚腹，反而發明了雷管，這是爆炸學上的一項重大突破。

接著，他又在德國漢堡等地建立了炸藥公司。

一時之間，諾貝爾生產的炸藥成了搶手貨，源源不斷的訂貨單從世界各地傳來，他的財富也與日俱增。

儘管獲得成功的諾貝爾並沒有擺脫挫折，但是，接踵而至的災難和困境，並沒有讓諾貝爾嚇倒，更沒有一蹶不振。

毅力和恆心，使他堅忍不拔，把挫折踩在腳下，也贏得了成功。他一生當中，總共獲得了三百五十五個發明權的專利，還用自己的財富創立了諾貝爾獎，這些獎項至今仍被國際視為一種至高無上的榮譽。

一個人的成就永遠跟他身處逆境時，所展現的自信成正比。

一個人之所以能夠成功，並不在於深處順境展現多少能力，而是在於聽到不好的訊息之時，感到徬徨迷惑之時，能否告訴自己一定要充滿信心，然後用堅毅不撓地扭轉自己所處的逆境。

英國桂冠詩人華茲華斯說：「堅韌是成功的一大因素。只要在門上敲得夠久、夠大聲，一定可以把裡頭的人叫醒。」

從諾貝爾獲得成功的過程中，反省一下自己曾經遇上的困難，是不是根本就微不足道？

諾貝爾堅忍不拔的勇氣，有沒有讓你面對困難更加有了信心？

想實現目標，你必需要有越挫越勇的能量，能跌倒了再站起來，這些是成功的過程中不可缺少的必備條件！

創意往往來自休息

別忘了，創意和財富總是屬於懂得思考的人，別吝嗇給自己一些思考的時間，或許它們就會在你休息的時候出現！

因爲人類想要滿足自己的需要，所以才會有各式各樣的發明或創意產生。但其中如果沒有「利益」成爲背後的動力，也許，很多目前我們生活中的必需品，到現在還沒有成形也說不定。

因爲一個小意外，喬治有一段時間都只能待在醫院裡療養。

由於養病的時候只能休息，什麼事都不能做，喬治的時間很多，於是他便利用這些時間來思考如何賺錢。

有一天，喬治發現，洗衣店都會在燙好的襯衫衣領上加一張硬紙板，以防止衣領變形。

他覺得這是一個好機會，於是寫信到一家洗衣店，詢問這些硬紙板的價錢；知道這種硬紙板的價格是每一千張四美元之後，他決定在硬紙板上加印廣告，再以每一千張一美元的低價賣給洗衣店，從中賺取廣告利潤。

出院後，喬治立刻著手進行這個計劃。雖然反應不錯，但是喬治發現，很多客戶拿回乾淨的襯衫後，都會把衣領上的紙板丟掉。於是，他開始改變方法，在硬紙板的正面印上彩色或黑白的廣告，背面則加一些新的東西：如美味食譜或全家可以一起玩的遊戲……等等。

這個方法果然奏效！

許多丈夫開始抱怨洗衣店的送洗費用暴增，原因是妻子爲了搜集喬治的食譜，而把可以再穿一天的襯衫送洗！

很多時候，成功並不在於花多少的勞力，而是取決於花了多少的腦力。只要經過縝密的思考和規劃，往往能激發出令人驚歎的創意，以及令人意想不到的可觀財富。

所以，有的時候給自己一段空白的休息時間沉澱一下，往往會比用工作來填滿所有時間要來得更有意義。

別忘了，創意和財富總是屬於懂得思考的人，別吝嗇給自己一些思考的時間，或許它們就會在你休息的時候出現！

成功的秘密，就在於失敗經驗的累積

有位哲人曾經說過一句雋永的話語：「得到成功的最好方法，就是增加失敗的比例。」

一個人能否創造出一番成就，關鍵往往在於是否懂得用積極、樂觀、開闊的態度，面對人生過程中的失敗挫折。

只有經歷過失敗的人才會知道，什麼是致勝秘訣，因爲唯有經由失敗的教訓，你才有機會尋找出全新的觀點和方法。

根據統計，一九七九年一整年，波士頓拳擊明星詹姆斯被擊中的記錄竟然高達三千多下。

有一位記者揶揄地問：「挨了這麼多拳，你不怕腦袋受影響嗎？」

他笑著回答：「怎麼會呢？其實，我就是因爲這些打擊，腦袋才變得聰明起來。」

對詹姆斯來說，失敗與成功是他生活路上兩個必備的元素，想成功就要有失敗的經驗；有了失敗，才有更多成功的機會。

有位年輕的記者曾經問愛迪生這樣一個問題：「愛迪生先生，當你在實驗或發明的時候，一定會遇上很多困難和麻煩，不知道當你成功的時候有何感受？」

愛迪生回答：「年輕人，你才剛開始你的人生，送你一個觀念，相信會讓你受益無窮。其實，我從來就沒有失敗過，因爲這些阻礙讓我成功地發現，哪些方法對於發明根本沒有任何作用。」

是不是很有趣的啓示？

如果愛迪生把每一個失敗都視爲失敗，處處受限於困難的情境中，也許會讓他消沉，但是他卻把失敗都視爲另一種成功，因而才有勇氣更積極地進行下一個「成功的發現」。

你呢？對於挫折和失敗經驗，你都怎麼看待？

只要你永不放棄，失敗就會是你爲成功加分的小法碼。

有位哲人曾經說過一句雋永的話語：「得到成功的最好方法，就是增加失敗的比例。」

因爲，只要你能認眞把每一個失敗的經驗整理起來，仔細評析失敗的原因，找出癥結所在，並引爲警惕，自然不會重蹈覆轍，那麼每一次失敗也就等於縮短成功的距離了。

換句話說，雖然你無法掌控眼前發生的事，但是，你卻可以完全掌握自己對它的反應。

你的反應代表你對生命掌握的能力，你可以選擇被失敗的巨浪淹沒，也可以像衝浪高手那樣站在巨浪的頂端。

失敗只是人生路途中的一個逗點，如果你就這樣停留在這個「點」上，不再繼續向前，那麼你註定是一個失敗者。

當然，倘使你把失敗視爲一個休息站，補足了體力就準備再出發，那麼你爬上高峰的機會便又再進一步，而且接下來，不管再多的風雪阻撓，你都一定能克服。

痛苦，會讓你脫胎換骨

美國作家華盛頓．歐文在《見聞札記》裡寫道：「小人物在不幸中卑躬屈膝，大人物在不幸中挺身而起。」

爲什麼最珍貴的植物往往得在深山裡才找得到？爲什麼最新奇古怪的海洋生物都生活在最深層的海底？

這些植物或生物是在人們找尋的時候才被發現，它們生長的環境是那樣的惡劣，但正因爲生長不易，它們也往往具備了其他動植物所沒有的價值，人生不也正是如此嗎？

在里昂的一次社交宴會上，與會的賓客因為討論掛在牆上的一幅油畫而發生了爭論，主人看到雙方的爭執越來越激烈，為了緩和氣氛，便轉身找來一個年輕僕人解釋這幅作品。

起初，客人們對主人的做法深深不以為然，但是，令他們驚訝的是，這僕人的解說有條不紊，深具說服力，眾人的爭論立刻被平息下來。

一位客人感到相當納悶，便態度恭敬地問這僕人：「先生，您真是學識淵博，是從什麼學校畢業的？」

這位年輕僕人不卑不亢地回答說：「我在很多學校學習過，但是，讓我花最多時間也獲得最大的收益，就是『苦難』。」

這位年輕僕人的苦難遭遇，對他而言很有助益，儘管當時的他只是一個貧窮而低微的僕人，但是不久之後，他便以卓越的智慧震驚了整個歐洲，而且舉世聞名。

他就是法國最著名的哲學家盧梭。

有一位名叫道格拉斯的黑奴，從小連最基本的身體都不屬於自己，因爲在他出生之前，就被家人拿去抵債了，出生之後，他就註定有一段辛苦的人生路要走。因此，道格拉斯成長的過程中，不僅沒有機會上學讀書，連農場主人也不允許他自修學習。

但是，道格拉斯並沒有放棄自修，只要主人一不注意，他就會從廢報紙、藥單、日曆上學習文字，而且非常努力，從不間斷。

二十一歲的時候，道格拉斯逃離了農場，到北方的紐約當搬運工，並參加反奴隸運動。

後來，他在紐約辦過報紙，在華盛頓編輯過《新時代》雜誌，而且還成爲哥倫比亞地區聯邦法官和美國的第一個黑人議員。

美國作家華盛頓．歐文在《見聞札記》裡寫道：「小人物在不幸中卑躬屈膝，大人物在不幸中挺身而起。」

在肥沃的土地上會有盛開的美麗花朵，但強風一掃就會傾倒，唯有那些從岩縫中生長的參天大樹，才能在狂風暴雨中屹立不搖。

不管工作、生活或人際交往，都會有不順遂的時候，其實，只要我們願意換個角度面對，糾葛就能迎刃而解。

生命的痛苦和磨難，往往是一個人脫胎換骨、向上躍昇的契機。沒有經歷過坎坷磨難的人，永遠領略不到人生的美好，永遠不會超越常人的成就。

充滿鬥志就能創造自己的價值

印度詩聖泰戈爾在《沈船》中寫道：「上天完全是為了堅強我們的意志，才在我們的道路上設下重重的障礙。」

不管你眼前的際遇如何，都要充滿鬥志，不能小看自己。調整好自己的心態，建立充分的自信，客觀審視自己，永遠懷抱希望，有助於自己走好往後的人生旅程。

生活是一場「戰鬥」，無論身處什麼社會地位，人只要勇於追求自己的夢想，都有生存的價值和意義。

一個人只要對生活抱持眞誠的態度，就不僅擁有了當下，也能掌控未來。

牛頓是英國格雷哈姆附近一個地產商的兒子，拉普拉斯則是漢弗勒爾附近的波蒙特福奇一位貧窮農民的兒子。

他們的生活有著不同的困境，但這兩位傑出科學家盡情發揮他們的天賦，終究在自己專精的領域功成名就，這種成就是任何財富也無法買到的。

天文學家兼數學家拉格萊姆的父親，原本在都靈擔任戰地財務主管，然而卻因為多次從事投機的生意，把家產全部賠光了，拉格萊姆一家從此生活貧困。

但是，功成名就之後，拉格萊姆總習慣把他的成就和幸福，歸功於當初的艱困生活條件對他的磨練。

拉格萊姆說：「如果當初我的生活是富裕的話，很可能今天的我，就當不成數學家了。」

印度詩聖泰戈爾在《沉船》中寫道：「上天完全是為了堅強我們的意志，才在我們的道路上設下重重的障礙。」

許多成功人士都是憑著自己的努力和充滿活力的奮鬥，從最低微的社會底層攀爬到具有影響力的傑出地位。

因此，我們可以這麼說：「不幸，是一所最好的大學。」

身處困境或出身低微並不可恥，可恥的是在貧困中沈淪、墮落。在困境中，你越要激勵自己奮發向上，因爲，艱困的情況將會是你走向成功不可或缺的有利條件。

你爲什麼只有羨慕的份?

德國詩人海涅在《還鄉集》裡寫道：「我的心啊，你要忍受命運的打擊。冬天奪走的東西，到了新春就又會還給你。」

才跌倒了幾次，你就再也不站起來嗎？

如果是這樣，那你就像那些被魚刺噎了一次，就再也不願嘗試魚鮮美味的人一樣，想獲得成功，無異是件緣木求魚的事！

「百折不撓」不僅僅是一句掛在嘴上的成語，而是你可以付諸實現的座右銘，當你看著別人的成功而欣羨不已，不如鼓起勇氣告訴自己：「再多的困難我都不怕。」

有一位將軍的朋友非常欣羨他擁有的財產和好運氣，每當這個時候，這位將軍就會淡淡地說：「你嫉妒嗎？其實，你也可以很簡單就得到這些財富。」他會帶著朋友到院子裡去，然後對他說：「你往前走，站在距離我五十步的位置，我用這支手槍對你開個兩槍，如果我不能打中你，我的所有財產都歸你，如何？」

友人一聽，莫不嚇了一大跳，顫抖著身子說：「我一點也沒有嫉妒你，你別開玩笑了。」

這位將軍接著會嚴肅地對他們說：「你不願意嗎？很好，那麼請你記住，我今天的一切都是在槍林彈雨中努力得來的，我經歷好幾次出生入死的過程，才到達你們所羨慕的成就，我所有的付出和辛苦是你們所想像不到的。」

德國詩人海涅在《還鄉集》裡寫道：「我的心啊，你要忍受命運的打擊。冬天奪走的東西，到了新春就又會還給你。」

任何有成就的人或你心目中的偉人，沒有一個不是經歷了種種挫折和苦難，歷經了千辛萬苦才走到今天的輝煌境地。

他們有一個共同的特色，就是百折不撓、越挫越勇，磨練了一身好功夫後，才在劇烈的競爭中嶄露頭角，脫穎而出。

很多人只會羨慕別人功成名就，老是嫉妒別人的幸福富裕，卻看不見他們的辛苦付出，看不見他們走在危險路上的努力痕跡。

麻煩闔上你那羨慕的眼神，先好好做個功課，探究他們的成功過程，你就會知道爲什麼你只有羨慕的份了。

倘使不想只是羨慕，那就請你好好努力。

不要害怕困境，人生裡每一個問題的出現，其實都有特殊的用意，只要你能百折不撓地面對每一個難題，你也能長久擁有得來不易的成功。

你的人生只是夢幻泡影？

丹麥詩人皮特海因曾說：「人唯有像樹木一樣自然成長、飽經風霜，才能根深葉茂。」

不管工作上或生活上，人都必須面對問題，也必須學著解決問題。

其實，每個人都像是一棵樹，不管願不願意，都得經歷大風大雨，都得經歷生命的變動，只有一點一滴的累積生命的養分之後，我們才會像雄偉的大樹一樣，站在風雨之中屹立不搖！

日本經營之神松下幸之助回憶自己的奮鬥歷程時說，從小他當學徒的時候，在老闆的嚴厲教導之下，不得不勤勉學藝，卻也不知不覺地養成了勤勉的習慣。所以，別人視爲最辛苦困難的工作，他不僅不覺得辛苦，反而都覺得很快樂。換個方式說，松下幸之助覺得快樂的工作，在別人看來卻苦不堪言，正是因爲看待工作的態度的不同，所以他的成就和一般人自然有天淵之別了。

他曾經在書中回憶說：「年輕的時候，長輩們總是教導我們要勤奮努力，那時我便想，如果自己不肯勤勉努力，那麼年紀輕輕的我，怎麼奢望將來擁有些什麼成就？正因爲年輕有所期望，才更要認眞努力前進。」

人脫離了現實，就只能生活在虛幻之中。

沒有紮實的根基，你看到的只是一次又一次的海市蜃樓和夢幻泡影；沒有眞正的本領和能耐，只有誇口和吹牛皮，你認爲你還能擁有什麼？

丹麥詩人皮特海因曾說：「人唯有像樹木一樣自然成長、飽經風霜，才能根深葉茂。」

這句話看似平凡簡單，卻充滿了深刻的人生哲理。

沒有人不希望早點功成名就，但千萬別弄虛作假或是一味只想走捷徑，成功是汗水淚水與血水澆灌出來的果實，唯有經歷千錘百鍊的成功，才是眞正屬於你的成功。

8

PART

爲自己製造貴人

當你身邊環繞的都是因你而成功的人時，你成功的機會還會少嗎？在成為別人貴人的同時，也正是為自己製造了一個貴人。

喜歡自己，展現自己的魅力

一個人確實知道自己是個什麼樣的人，可以做什麼樣的事，才能發揮一個人存在的價值。

生命中總會有陰影出現；面對陰影，哀怨悲嘆是無用的，像鴕鳥一樣躲進陰影裡，只會讓生命充滿陰霾，你必須做的是，積極地想辦法重見光明，人生才有璀璨的前景。

環境本身惡不惡劣並不能決定我們快樂或不快樂，重點是我們如何看待自己，又用什麼心境面對自己所處的環境。

適時改變自己的心態，放下內心那些偏頗、自怨自艾的想法，人生才有開闊的出路。只要不再自卑，不再怨懟，你就能走出陰霾，不讓自己繼續沉陷痛苦和挫折之中。

第二次世界大戰結束之後，美國大兵強斯頓光榮返鄉。

他在戰爭中受了腿傷，行走不便的腿上，佈滿了各式疤痕。國家頒授的徽章雖然帶給他榮耀，但對他而言，最幸運的事還是能夠離開戰場，而且他的腿傷並不致於影響他最喜愛的運動——游泳。

腿傷恢復到一定程度後，他便不需要再經常進出醫院了，醫生也建議他經常去游泳，因爲游泳是一項很好的復健運動，對於他的腿傷有相當大的幫助。

於是，在一個風和日麗的星期天，強斯頓和太太一起到海灘度假。

下水游過幾趟後，強斯頓回到沙灘上享受日光浴。但不久之後，他開始感到有點不自在。

沙灘上許多人來來往往，強斯頓發現大家都在看他，注視著他滿是傷痕的腿。

過去，他很少爲自己的腿傷感到不自在，他並不特別覺得自己微跛的腿有什麼奇怪。但是，在沙灘上，光裸的腿失去衣服的遮掩，那些坑坑疤疤的傷痕，看起來似乎特別刺目。

到了下個周末，當太太再次提議到海邊游泳時，強斯頓拒絕了，他有點自卑地說：「與其到海灘上去，我寧願留在家裡。」

他的太太聽了，回答：「我知道你爲什麼不想去，但是，我想，你其實誤會了你腿上那些疤痕的意義。」

強斯頓只能顧左右而言他，但是他的太太卻堅持繼續說下去，她說：「強斯頓，你腿上的疤痕是勇敢的象徵，是勇氣的徽章。爲什麼要想盡辦法把它們隱藏起來呢？你應該要永遠記得自己是如何英勇地得到它們，而且要驕傲地帶著它們，不論去到何處。」

強斯頓聽了，心中充滿感動，看見太太支持的目光與笑容，內心有了一番省思，決心以不同的想法去看待自己的腿傷與疤痕。

想了許久，他對太太說：「走吧，我們一起去游泳。」強斯頓相信，在他和太太的彼此支持之下，他們未來的生活將會有更好的開始。

人類是很奇怪的動物，我們不希望失去個體的獨特性，卻也不希望自己變成異類；我們希望自己是特別的，但又不想要變得太過特別。

鶴立雞群雖然更顯出那隻鶴的卓爾不群、出類拔萃，但同時也顯現出那隻鶴與群雞之間的格格不入。

強斯頓是特別的，畢竟一般人多半不會滿腿傷疤，然而，一般人也不見得能如他在戰場上立下光榮的功績。這才是強斯頓眞正的特別之處。

強斯頓的妻子想要提醒他的，正是這麼一回事。身爲一個擁有光榮功勳又有滿腿傷疤的特別人物，首先必須要了解自己的特別之處，同時也看重自己異於常人之處，必在乎世俗庸人的眼光？換個心情，了解並且接受它們，畢竟每一項特別都屬於自己。

每個人都應當爲自己的特殊感到驕傲，不必爲外在形貌過於介懷。

諾貝爾文學獎得主羅傑・馬丁・杜・伽爾這麼說道：「不要自負，也不要謙虛。認識到自己強而有力，才能真正強而有力。」

人生旅程最重要的一件事就是喜歡自己，展現自己獨特的魅力。

一個人唯有確實知道自己是個什麼樣的人，可以做什麼樣的事，才能發揮自己存在的價值。

先處理心情，再處理事情

一個健全的社會人，該是一個能夠處理自我情緒的人。我們想要培育更多健全的社會人，便應該從當個健全的父母開始做起。

教育子女，自然是父母的天職，也是父母無法規避的責任。但是，高壓式的威恐，並不能讓孩子眞正心悅誠服，反而會視管教爲洪水猛獸，逐漸與父母疏遠。如果爲人父母者，在發怒之前能夠先冷靜想清楚再開口，就會發現很多話自己會自動刪除，選擇不說。

有一天，大衛在後院裡教七歲的凱利如何使用割草機除草，突然室內電話聲響起，不一會兒，妻子跑來要大衛去接聽電話。

就這麼短短幾分鐘，等大衛聽完電話回來，幾乎快要抓狂了。

只見凱利一個人將割草機在後院推來推去，所過之處全都一片平坦，包含大衛最珍愛的花圃。

大衛忍不住提高了音量，要兒子不要再推了，快點放過他的花圃。他太過於焦急、生氣、憤怒，以至於沒有發現兒子瑟縮的肩膀以及渲然欲泣的神情。

這時候，妻子走到他的身邊，將手輕放在他的肩膀上：「大衛，別忘了，我們是在養小孩，不是在養花。」

大衛終於冷靜下來，收斂了臉上的怒容，將快要哭出來的兒子抱進懷裡。從兒子顫抖的肩膀，他知道凱利真的嚇壞了，而他不知道自己還來不來得及修復孩子脆弱的心靈。

面對類似的狀況，麥克斯和妻子會有截然不同的處理方式。有天，他們帶著七歲大的女兒外出用餐時，女兒不小心打翻了桌上的水杯。麥克斯夫婦連忙請服務生協助將桌上的一團混亂整理好，過程之中，夫婦都沒有大聲責備女兒，或是給她嚴厲指責的目光，因爲他們知道，女兒已經爲自己不小心犯下的錯誤感到自責了。

後來，麥克斯的夫婦才從女兒口中得知，他們的做法是如何安撫了她的心。她說：「我希望你們知道，我眞的很感謝你們不像別的父母一樣。我大部分朋友的父母在他們不小心犯錯的時候，都會對他們咆哮，並且教訓他們以後要更小心一點。我眞的很謝謝你們沒有那麼做。」

摔破一個茶杯、弄髒一條桌巾，當然是很惱人的事，總是不免會怒極攻心地想大吼，要是孩子再小心一點就好了。但是，一個茶杯、一條桌巾，會比一個孩子重要嗎？

換個角度想，來你家作客的人不小心摔破茶杯、弄髒桌巾，你會這麼暴跳如雷，指著對方的鼻子痛罵嗎？

英國劇作家蕭伯納曾說：「當你叱責小孩之時，在盛怒下掌摑他的臉頰，這種羞恥恐怕他一輩子也忘不掉。因此對不可無情責打小孩。」

孩子是會將父母的每一種樣貌記憶在心底的，即使他們最終能夠明白父母的苦心，但是在驚嚇當時及過後的感受，往往難以磨滅。

人是胎生的動物，而且生下來不能跑，不能跳，不會自己覓食吃東西，需要父母給予更長時期的養育與照顧。先處理心情，再處理事情，父母應該多一點耐心，多一點寬容，孩子才能培養出健全的人格。

一個健全的社會人，該是一個能夠處理自我情緒的人。我們想要培育更多健全的社會人，便應該從當個健全的父母開始做起。

有肚量才不會消化不良

與其把那些不愉快的情緒硬往肚子裡吞，不如學會將這些情緒消化成屬於自己的養分。

在工作場合中，你總是會碰到一些怎麼樣都跟自己合不來的人，不是這個人的個性讓你不敢領教，就是那個人老愛跟你唱反調……等等。

這些人也許是你的同事，也許是你的客戶，或者是你的老闆。

爲了保住自己的飯碗，你只好硬著頭皮笑臉迎人，把那些厭惡的情緒硬「吞」進肚子裡。但是，這樣的處理方式，不但解決不了問題，只會讓自己「消化不良」而已。

有一個家庭，在父親去世之後，從人壽保險公司獲得了一萬美元的理賠。

母親想用這筆錢讓全家搬離貧民區，住進一棟有花園的房子；女兒則想利用剩下的錢，實現去醫學院讀書的夢想。

這時，兒子卻提出要求，希望拿這筆錢和朋友一起開創事業。他告訴母親，這筆錢可以使他成功，這樣一來，他不但能讓母親實現住進花園洋房的夢想，也能讓妹妹進入醫學院讀書。

兒子信誓旦旦地向母親和妹妹保證自己一定會成功，儘管妹妹對哥哥的計劃抱持疑慮，但是母親爲了支持自己的兒子，雖然感到不安，還是把錢交給兒子，還說服女兒要相信自己的哥哥。

可以想見的，兒子的理想並沒有實現，因爲他的朋友一拿到錢之後隨即逃逸無蹤。兒子見希望落了空，只能硬著頭皮請求家人原諒。

妹妹一聽說哥哥所有的錢都被騙走了，憤怒的心情可想而知，用盡每一個想得出來的字眼來責罵哥哥。

奇怪的是，母親始終坐在一旁，不發一語。女兒好奇地問母親爲什麼不生氣。

母親溫和的對女兒說：「妳有沒有爲妳哥哥而難過？我不是指爲了失去錢而難過，而是爲了你哥哥所經歷的遭遇而難過。當一個人把事情做得很完美的時候，被稱讚或喜愛是天經地義的，可是，如果當一個人做錯事的時候，妳還依然喜愛他，那才是眞正的寬宏大量。」

就跟故事中的母親對女兒的訓誡一樣，當一個人能力很強，個性也很好的時候，你和他相處愉快是很自然的。

只有在這個人處處讓你看不順眼的時候，你依然能和他相處愉快，這才是了不起的本事。

因此，與其把那些不愉快的情緒硬往肚子裡吞，不如學會讓自己的「肚子」轉變爲「肚量」。將這些情緒消化成屬於自己的養分，不是更好？

爲自己製造貴人

當你身邊環繞的都是因你而成功的人時，你成功的機會還會少嗎？在成為別人貴人的同時，也正是為自己製造了一個貴人。

在我們的周遭隨時都可能遇見貴人，也可能隨時遇見小人。

雖然我們無法分辨誰是貴人，誰又是小人，可是卻有一個方法可以讓接近你的人都變成你的貴人。

方法很簡單，那就是：設法成爲別人的貴人。

有一位哥本哈根的交通警察是自行車運動的愛好者。這天早上，他正在市區執行勤務的時候，發現一輛自行車用飛快的速度騎過來，馬上拿出測速儀測定他的速度有沒有違反交通規則。

騎車的人根本沒發現交通警察正在測他的速度，還是保持原先的速度，甚至還越騎越快。

測速儀顯示的速度已經超過了規定，自行車騎士很明顯違規了。但是，令交通警察驚訝的是，測速儀上的速度竟然和汽車的速度不相上下！他實在不敢相信一個人可以把自行車騎得跟開車一樣快。

交通警察馬上把自行車攔下，發現騎士只是一個十五六歲的學生。警察告訴這位學生他已經違反了交通規則，如果不說出他的學校和住址，就要對他處以重罰。

學生說自己叫斯卡斯代爾，騎快車的理由是因爲上學要遲到了。

警察聽了，就對這個學生說：「既然這樣，那麼，你先去上學吧，以後我會跟你聯繫。」

不久，這個學生的學校接到一封信，發信人來自哥本哈根最著名的自行車俱樂部，這個俱樂部曾經培養出許多優秀的自行車選手。信中的內容是歡迎斯卡斯代爾參加他們的俱樂部，表示他們會爲他提供一切必要的訓練條件，信中還夾著一張警察測定的超速罰單。

這封信讓學校有些驚訝，但他們還是鼓勵斯卡斯代爾參加自行車俱樂部。經過了四年的訓練，斯卡斯代爾不但成爲全丹麥的自行車冠軍，還躍爲奧運自行車項目的金牌選手。

斯卡斯代爾也因此終身感激這個發掘他天分的交通警察。

有人說：「地球越來越熱，人心越來越冷。」其實，不論我們置身什麼環境，都會遇上意想不到的貴人，甚至有時候，我們就是別人的貴人，全看我們用什麼心境因應。

這個交通警察其實只要開一張罰單就沒事了，可是他卻願意給一個素昧平生的學生出人頭地的機會，熱心地將斯卡斯代爾推薦給自行車俱樂部，終於讓他揚名國際。

要成爲別人的貴人並不難，就看你願不願意而已。

或許有人會想，讓別人成功，不就等於是減少自己成功的機會嗎？其實不然。仔細想想，當你身邊環繞的都是因你而成功的人時，你成功的機會還會少嗎？由此可見，在你成爲別人貴人的同時，也正是爲自己製造了一個貴人。

要爲自己的選擇負責

有的選擇題做錯了可以再重來，有的卻會使人懊悔不已。但無論如何，都要擁有為自己的選擇負責的勇氣。

常常有人會討論到底是愛人幸福，還是被愛幸福？

其實，這都是一種選擇方式而已。

學習如何做好自己的選擇題，並且不要怕面對錯誤的選擇。如此一來，你就會有一個既豐富又多彩的人生。

有一個叫韋格的奧地利女孩，不但長得漂亮，還有藝術的才華。她在大學裡主修油畫，畫作時常受到老師的肯定，因此有了開個人畫展的念頭。

爲了完成韋格的心願，她的男朋友一直在旁邊支持她，設法要幫她籌備個人畫展。

正當兩人爲經費不足而一籌莫展的時候，韋格的男朋友恰巧看到世界小姐的選拔廣告，心想只要初賽通過就有獎金，可以用來辦個展，因此鼓勵韋格參加世界小姐選美比賽。

韋格原本只想通過初賽，沒想到不但初賽過了，還一路晉級到了在拉斯維加斯的決賽。

最後，韋格成了一九八七年的世界小姐。

當選世界小姐後，韋格從平凡的大學生，搖身一變成爲衆所矚目的知名人物，榮耀和財富也隨之而來。

這時候的韋格已經不需要畫展了，連當初一直支持她的男朋友，也因爲韋格忙碌的生活和衆多的追求者而跟她分手。

就在韋格的事業如日中天的時候，卻患上了克里曼特綜合症。這種病最大的危險在於會使雙眼視力逐漸衰退，直到失明，而且無藥可治。

當世界小姐可能會失明的消息經過媒體報導之後，有一位名叫帕迪的南非小男孩寄給韋格一包土，並在信中說他們家鄉的人，都用這種神奇的土來治療眼疾。

韋格不相信一包土能治好她的眼睛，但是因爲連醫生都沒辦法了，韋格只好懷著姑且一試的想法試試看。

結果奇蹟出現了，這種神奇的土竟然眞的把她的眼睛治好了。

眼睛恢復正常的韋格，更積極地以世界小姐的身分參與各種活動，也因爲經常出入上流社會的場合，認識不少有錢人，後來還因此嫁了一個美國富翁。

可惜的是，世界小姐的頭銜雖然爲她帶來了財富和地位，卻沒有爲她帶來婚姻幸福的保證。

韋格的感情一直很不順利，先後結了六次婚，但是，卻沒有一個男人能讓她幸福。最後，這個原本立志成爲畫家的女孩，因爲受不了情感的打擊，選擇自殺一途。

在人的一生中，會碰見大大小小、各式各樣的選擇題。有的選擇題做錯了可以再重來，有的卻會使人懊悔不已。

但無論如何，都要擁有爲自己的選擇負責的勇氣，因爲這是一個成熟的人必須具備的特質。

所謂的負責，是肯承擔自己選擇錯誤的後果，而不是像韋格一樣，因爲錯誤的選擇而結束自己的生命。

畢竟，錯誤其實也是讓我們成長的機會，就這樣結束生命不是太傻了嗎？

相信經驗，當心被騙

一直在有限的範圍內打轉其實是很可怕的，會讓自己陷入自以為是的陷阱裡，久而久之，想法也會跟著僵化。

一盆水如果沒有人去動它，長期不流動、不更換的結果，不是發臭就是蒸發得無影無蹤。

想要讓這盆水發生作用，需要靠有人將它拿去洗衣服或是澆花，讓它在自然界循環，才能發揮最大的效益。

人的經驗就跟一盆水一樣，如果沒有外來的動力補充，那不管多豐富的經驗，都跟一盆死水沒什麼不同。

有一個登山隊準備攀登一座雪峰，這個登山隊充滿了雄心壯志，想把他們的腳印留在雪峰的峰頂，成爲不可抹滅的紀錄。

爲了達成這個目標，登山隊花了很多時間在登山前的訓練和準備上，不論是食品、藥品或其他登山器材全部一應俱全。

登山隊準備攻頂，在做最後的確認時，有一位專家提醒所有的隊員，別忘了多帶幾根鋼針。

因爲在寒冷的雪山上面，煤氣爐的噴嘴受到氣溫和氣壓的影響，非常容易堵塞，因此需要用鋼針來疏通，保持噴嘴的暢通。

鋼針由一位資深的隊員負責攜帶，但是這個隊員並沒有聽從專家的忠告，他認爲憑著自己豐富的登山經驗，帶一根鋼針就綽綽有餘了，帶那麼多鋼針，只是徒然增加不必要的負擔而已。

遺憾的是，這支登山隊最後並沒有完成他們的心願，將足跡留在山頂，而且所有的登山隊員，沒有一個人生還。

造成悲劇的原因，就出在鋼針上。唯一的一根鋼針在使用的時候，因爲使用不當而不小心斷了。

由於只帶了一根鋼針，又找不到別的替代品，煤氣爐無法使用，整個登山隊無法補充熱量，最後全部陷入絕境。

對人生而言，經驗的確是屬於自己的寶貴財富。

但是，如果只相信自己的經驗，對他人的勸告一概加以拒絕，完全憑自己的經驗行事，有時不但不會成功，反而會把事情搞砸，甚至會因此造成無法挽回的損失。

由此可知，一個人即使擁有再豐富的經驗，還是需要不斷吸取別人的經驗當作輔助。

因爲，個人的經驗畢竟有限，而且會陷入重複的循環當中。

一直在有限的範圍內打轉，其實是很可怕的一件事，這樣累積而來自以為是的「經驗」，只會讓自己陷入自以為是的陷阱裡，久而久之，想法和做法也會跟著僵化。

經驗的累積是要靠時間的，想要縮短這段時間最好的辦法，就是同時吸取別人的寶貴經驗。

父母的心，是從不上鎖的門

為人子女者，只要能讓父母天天都過父親節、母親節，對父母而言，就是世界上最珍貴的禮物了。

不論是達官顯貴還是市井小民，一旦面對著自己的子女，他們的身分就只有一種，那就是父母。

再顯赫的身分地位，只要一卸下這層社會的外衣，就立刻成爲爲子女做牛做馬，無怨無悔的父母。

有一個在蘇格蘭長大的女孩，跟時下許多年輕人一樣，厭倦了枯燥乏味的學校生活和父母嚴格的管制，因此決定離開家，想要靠自己努力，實現成爲大明星的願望。

這個懷抱明星夢離家的女孩，離開家沒多久，就發現原來外面的世界並沒有如她想像的那樣容易。經過多次挫折、打擊之後，女孩日漸沈淪，最後終於只能流落街頭，開始出賣肉體養活自己。

就這樣過了許多年，女孩的父親過世了，母親也漸漸老去了，可是女孩仍然在泥沼中過著醉生夢死的生活。

這段期間，女孩從來沒有和家人連絡，可是女孩的母親卻沒有放棄尋找女孩的下落。自從女孩離開家之後，父母兩人印了許多附有全家照片的尋人啓事到處散發、張貼。照片下面有一行手寫的字：「我們一直愛著妳，回家吧！」

有一天，女孩走進一家收容所，準備領一份免費午餐。就在她排隊的時候，視線從告示欄裡隨意掃過，忽然，她看到一張泛黃的尋人啓事，上面的照片雖然有些模糊，但是女孩還是一眼就認了出來。

女孩掙脫出擁擠的人群，站到告示欄面前，看著尋人啓事下面的字，眼淚開始掉了下來。

經過了這麼多年，女孩不奢望父母還會希望她回去，但她還是決定回家看看。女孩走到家門前的時候，心中猶豫著自己到底該不該進去，最後終於還是下定決心敲門。

才敲了一下，門就開了，原來門並沒有鎖。女孩遲疑地走進家門，望著在廚房的母親年邁的背影，輕輕喊了一聲：「媽！」

母親回過頭來，看見離家出走的女兒終於回來了，兩人緊緊相擁而泣。母親泣不成聲地說：「從妳離開家之後，這扇門就再也沒有上鎖，因爲我知道妳一定會回來的！」

對父母親來說，子女永遠是他們一生最大的快樂和滿足，也是一生當中最甜蜜的負荷。

但在現代的社會中，子女對父母親的情感卻越來越疏離冷漠。

很多子女以爲在父親節或母親節等節日送送禮物就算是孝順，其實，節日的目的是爲了給平時不善於表達的人，一個表達眞心的機會，可是卻演變成只重形式的結果。

爲人子女者，只要能讓父母天天都過父親節、母親節，對父母而言，就是世界上最珍貴的禮物了。

別讓腦袋長滿青苔

唯有讓你的頭腦成為一顆滾動的石頭，時時充滿創意，你才不會被時代的洪流淘汰。

我們常常會聽到周圍的朋友或同事在遇到比較困難的事情時，第一句話大部分都是：「我做不到。」

當然，我們不是超人，有做不到的事情是必然的。

但是，有很多時候，我們做不到的原因，不是我們不會做，而是因爲每天只做相同的事情。

這種一再重複的生活模式造成我們的錯覺，一遇到自己不熟悉的事情，就以爲我們眞的做不到。

如果一隻狼要帶好幾隻小狼過河的話，牠會怎麼做呢？

以一般常識來判斷，我們會認爲，狼一定會把小狼一隻一隻叨過去，但是，事實並不是如此。

動物學家告訴我們，狼爲了怕小狼在渡河時受到攻擊或傷害，牠會先咬死一隻動物，然後向這隻動物的胃吹氣，讓這隻動物成爲一個充滿空氣的氣囊，再藉著這個氣囊讓全部的小狼都可以一起過河。

在動物的世界裡，狼是一種非常聰明的動物，如果讓一隻狗與一隻狼互相搏鬥，輸的那一方肯定是狗。狗與狼屬於同種的動物，牠們之間的體型也不分上下，你一定很好奇，爲什麼輸的一定是狗呢？

動物學家曾經就這個問題，對狼和狗進行長期而仔細的研究。研究結果發現，經過人類長期豢養的狗，因爲不需要面臨生存的危機，腦容量遠遠比狼來得小。

而長期生長在野外的狼，爲了在競爭激烈的自然環境中求生存，因此牠們的大腦開發程度，是狗所比不上的。

長此以往，狼不但深具隨機應變的能力和敏銳的觀察力，生存智慧也超乎尋常動物。

有一句英文的諺語說：「滾動的石頭不生苔。」

如果把頭腦比喻成石頭，那麼，我們就必須常常尋找新的刺激，從一成不變的生活中跳脫出來，不讓自己被固定的觀念、價值、法則困住。

如此一來，大腦就會跟一顆一直轉動的石頭一樣，永遠保持它的光滑明亮。

唯有讓你的頭腦成爲一顆滾動的石頭，時時充滿創意，你才不會被時代的洪流淘汰。

9

PART

缺少勇氣，就無法創造奇蹟

歲月給了我們智慧，卻抹滅了我們的勇氣；失去了勇氣之後，我們做事就不會拚盡全力，自然也就無法再創造出奇蹟。

適時傾聽，會讓心靈安寧

在危急的時刻，假使我們沒有能力扮演英雄角色，那麼，至少讓我們成為一股安心的力量吧。傾聽和陪伴往往就是使心靈得到安寧的特效藥。

危機或災難發生的時候，每個人都需要一些關心和幫助。適時的關心和幫助，可以讓人保持冷靜，度過眼前難關。

遇到突發狀況，人一旦失去信心，有了害怕的念頭，原本可以做得到、做得好的事，將會失去不少效果，甚至往較糟的方向偏去。

這種時候，有人會選擇向親朋好友求助，求助不是因爲不知道該怎麼處理，而是因爲需要有人陪伴。

艾曼達在夜裡十一點突然接到女兒莫拉的電話。莫拉在外地上大學，平時很少回家，但是每個禮拜一定會打電話回家跟媽媽報平安。不過，她不曾在這麼晚的時間打電話。

莫拉開口就說：「媽媽，和我同寢室的朋友剛剛差點自殺，她拿了一大瓶安眠藥想吞藥自盡，幸好我們及時把藥搶了下來。我們現在全都不敢睡覺，每個人輪流陪她。她以前就有自殺未遂的前例。」

從莫拉顫抖的聲音裡，艾曼達知道自己的女兒正在害怕，然而，她遠在天邊，艾曼達也不知該怎麼做才能幫得上忙。

艾曼達逼自己以最溫和的態度和聲音說話，只希望不要再增加女兒的壓力。她說：「妳們請求醫生幫忙了嗎？」

莫拉回答：「還沒有，她現在已經穩定下來。她說不想張揚這件事。」

艾曼達可以理解孩子們心裡在想些什麼，不過還是希望能有大人在她們身邊幫忙。於是，她對莫拉說：「聽著，妳們還沒有辦法自己處理這樣的事，妳的朋友需要專業人士的幫忙。所以，妳應該先把事情跟舍監說明清楚，她會知道該怎麼辦的。」

莫拉沉默了好一陣子，而後才又開口說：「媽，我好害怕。」

艾曼達聽得既心疼又心焦，連忙回話說：「寶貝，我也害怕，我希望我能在妳們身邊陪妳。」

艾曼達不斷地傾聽女兒的聲音，不時地對她給予支持與鼓勵，她對著女兒說，也對著女兒的朋友說。在這個時刻裡，她不會去問孩子學習的進度和學校生活的狀況，也不去要求孩子得用功學業，她知道，現在孩子需要的不是這些，只是想要有人可以說說話。

直到莫拉的心情鎮定下來，艾曼達心中的大石也才安放下來，她知道遠在異鄉的女兒已經能夠處理好接下來的事了。

心一旦慌亂，很多事情都會跟著亂了步調。發生意外事故之時，要是每一個人都心浮氣躁、慌亂不安，事情可能產生的變數便會隨之波動起來。

這時候，我們需要的只是一股安心的力量，讓我們知道自己不是孤獨一人，知道援軍就快來到，如此就不會怯步不敢向前。

而這股力量，可能只是一句話、一個擁抱。

日本有這麼一句諺語：「溫柔的一句話，便可以溫暖一個冬天。」就算親朋好友不能時時刻刻陪伴身邊，在需要慰撫的時候，一句關心的言語就可以激起無窮力量。只要張開口說一句好話，就能夠幫助別人，爲什麼不做？

在危急的時刻，假使我們沒有能力扮演英雄角色，那麼，至少讓我們成爲一股安心的力量吧。讓彼此相信事情一定會好轉，一定會往良善的方向變化，而後，我們的心就能靜下來，不再慌亂焦慮，也就能夠好好想想，接下來該怎麼辦、該怎麼做。

對方意亂心慌的時候，別急著說個不停，而要慢慢地聽。別忘了，傾聽和陪伴往往就是使心靈得到安寧的特效藥。

別讓安全感阻礙了你的進步

如果你從來不做自己能力範圍以外的事，也許你從來不會出錯，但是你也因此缺少了讓自己更上一層樓的機會。

《十二個人定勝天的故事》作者威廉．波里索曾說過：「生命中最重要的事就是不要害怕付出。這一點正是成功和失敗的最大區別。」

安全舒服、沒有任何困難的生活，無法使人獲得成功。相反的，只有遭逢逆境，願意加以克服的人，方能開創燦爛的前景。

有一位音樂系的學生，接受一位新的指導教授指導之後，每一天都必須彈奏一首超高難度的樂曲。經過了三個月的時間，這個學生對自己演奏鋼琴的信心已經跌到谷底。

這個學生實在不明白，爲什麼教授要以這種方式來整人。

這位教授是極有名的鋼琴大師，從上課的第一天開始，他就給學生一份高難度的樂譜，學生彈得非常生澀而且錯誤百出。

教授在下課的時候，總是要學生回家好好練習。

學生苦練了一個星期，等第二次上課時準備讓教授驗收成果，沒想到教授又給了他一份難度更高的樂譜，上星期的課教授一句話也沒提。學生只能再次向更高難度的技巧挑戰。

從此以後，這樣的教學方式成了慣例。學生每一次在課堂上都要彈一份比之前更難的新的樂譜。因爲怎麼樣都追不上進度，學生一點也沒有因爲一星期的苦練而有駕輕就熟的感覺，反而感到越來越不安、沮喪和氣餒。

三個月之後，學生再也忍不住了，向指導教授提出了嚴重的抗議。教授面對學生的抱怨，一句話也沒說，只是讓他彈奏之前練習過的樂譜。這個時候，學生發覺自己居然能將困難的曲子彈得如此流暢！

這時候，教授對學生說：「如果，我任由你表現最擅長的部分，你到現在都還在練習最早的那份樂譜。如此一來，你根本就不會有現在這樣的程度出現。」

在工作的時候，總會有些人只要上司指派了稍微困難的工作給他，就因此而愁眉苦臉、抱怨不停的人。

這些人抱怨的原因，往往是因為工作的內容超出了他的能力範圍。當他們在抱怨的時候，似乎忘記了自己現在的能力，不也是經過許多不同的工作累積出來的嗎？

如果你從來不做自己能力範圍以外的事，也許你從來不會出錯，但是你也因此缺少了讓自己更上一層樓的機會。這樣一來，你就永遠不會知道自己存在著多大的潛力。

在變與不變之間找到平衡點

最好的一條路，是有所變、有所不變，改變那些未來可能發生的悲劇，並且接受那些過去已經造成的不幸。

天底下只有一個方法，可以達成自己的願望，那就是踏出第一步，動手去做。如果不踏出「第一步」，你永遠都達不到自己的目的。

想要過著豁達的人生，就要設法在改變與不變之中取得平衡，只要活得心甘情願，你的人生就是最完美的。

八歲的韋恩，很喜歡到住家附近的河邊玩耍，有一天，不慎在亂石灘上跌傷了腿，雖然他的爺爺發現之後很快將他送到醫院，可惜傷勢實在不輕，接了骨之後，韋恩仍然劇痛難當，無法行走，出院之後就只能整天臥在床上度日。

有一天，韋恩看見爺爺坐在床前唉聲嘆氣，便好奇地問：「爺爺，你爲什麼嘆氣呢？」

「唉，你的腿已經殘廢了，一輩子都不能走路了。」爺爺說。

小孩子哪裡經得起這種打擊呢？韋恩的眼睛、鼻子、嘴巴一下子全都扭曲在一起，「哇」的一聲大哭了起來：「爺爺，你幫我想想辦法吧，我不想變成殘廢啊！」

爺爺想了很久，緩緩地說：「想要治好你的腿，除非在三年之內，找到使你受傷的那塊石頭，再把它磨平做成石枕，用來活絡筋骨，不然的話，就連爺爺都無能爲力了。」

韋恩信心滿滿地說：「我知道我撞到的是一塊黑色的大石頭，那塊石頭的形狀很特殊，我一定能找到它！」

從那天起，韋恩每天拄著拐杖，一拐一拐地走到亂石灘尋找那塊石頭，就算是刮風下雨、寸步難行，他也都咬著牙不肯放棄一點希望。只是，兩年過去了，他依舊沒有找到那塊石頭。

爺爺安慰他說：「也許那塊石頭被沖到下游了，你去那兒找找吧！」

韋恩聽了，立刻又到下游尋找，然而，日子一天一天過去，他還是找不到那塊黑色的石頭。

三年的期限很快就到了，韋恩哭喪著臉對爺爺說：「我眞沒用，到現在還找不到那塊石頭，看樣子我是永遠也找不到它了。」

爺爺輕撫韋恩的頭，慈愛地說：「要是眞的找不到，就不要找了！你的腿不是已經能走了嗎？還要那塊石頭做什麼？三年前，我就已經把它扔到了河裡最深的地方了。」

面對自己的不幸遭遇時，你只有兩條路可以走，不是想辦法去改變它，就是接受它，無論選擇走哪一條路，只要自己走得心甘情願，就是一條值得努力付出的道路。

事事都想改變，你就會欲求不滿、過得很累；凡事照單全收，你也會開始怨天尤人，過得十分辛苦。最好的一條路，是可以走在兩條路中央，有所變、有所不變，改變那些未來可能發生的悲劇，並且接受那些過去已經造成的不幸。

工作是爲了讓生活更美好

人為什麼必須工作呢？為了興趣工作的人畢竟是少數，但是有了工作，才能讓我們不用工作的日子顯得如此美好。

工作是爲了生活，還是生活是爲了工作？

學生不喜歡上學，上班族不想上班，連老闆都在等放假；那麼人爲什麼必須工作呢？

大多數的人都一定會這麼回答：「工作是爲了賺錢啊！工作才會有收入，有能有足夠的錢養家活口。」

但是，當你有足夠的收入，想法會不會改變呢？

有一個醫生，開業了十多年之後，終於存了一大筆錢，足以讓他三輩子不愁吃不愁穿。於是，在四十五歲那年，他決定退休，帶著全家人移民加拿大，想要開始好好地享受人生，每天過著隨心所欲打小白球的生活。

然而，一年之後，這個醫生居然放棄了那種無憂無慮的生活，回到了原來的地方繼續工作。朋友們都覺得很不可思議，甚至懷疑他是不是炒股票炒焦了，才必須要回來重操舊業。

醫生笑著說：「我回來工作不是爲了賺錢，而是爲了繼續我的人生。你試試看，連續一個月每天打高爾夫球會不會覺得厭煩？我煩到連草皮都不想看到。沒有工作就好像坐牢一樣，我和許多移民加拿大的華人一樣，都成了『三等人』。」

朋友們都好奇地問：「什麼是『三等人』？」

醫生解釋道：「每天一睜開眼睛就是等吃飯，吃完飯之後等打牌，打完牌之後就只能等死了。每天就這麼等、等、等，實在讓人受不了，等到頭髮都白了，不如回來工作，至少可以過得踏實一些。」

醫生之所以說得如此輕鬆豁達，是因爲他「選擇」了工作，完全是出於自願；而一般人，卻通常是被工作「選擇」的，那種出於「不得不」的心態，當然使工作的快樂減損很多。

人就是這樣矛盾，有足夠條件不工作的人老是大聲疾呼有工作眞好，至於那些不得不工作的人，卻總是叫苦連天，不明白工作到底有什麼好。

人爲什麼必須工作呢？爲了興趣工作的人畢竟是少數，但是我們可以確定的是，有了工作，才能讓我們不用工作的日子顯得如此美好。

成功，需要適當的時機

成功需要一個適當的時機，時機到了，一切自然水到渠成，時機未到，再怎麼費盡唇舌去解釋也是枉然。

科學家愛因斯坦曾經這麼說：「不管時代的潮流和社會風尚怎樣，人一定可以憑自己高貴的品質，超脫時代和社會，走自己正確的路。」

不要拘泥於我們所處時代的流行價值，也不用在意別人的觀感和看法，如此，我們才能走出屬於自己的道路。

羅丹在五十六歲那年，展出了一座大文豪雨果的雕像。

為了表現雨果氣宇軒昂的文學家氣勢，羅丹塑造了一個渾身充滿活力、栩栩如生的雨果。

這個雨果沒有穿衣服，只用了一條浴巾輕鬆地裹住身體，外在與內在相互輝映，羅丹的雕像不只刻出了雨果的軀體，還表現了他的靈魂。

不過，當政府官員看到這座雕像時，卻一點兒也笑不出來。他們原本期望看到的是一個規矩、莊嚴，穿著得體的偉人，如今這個偉人卻近乎一絲不掛地站在他們面前，於是他們非常生氣，不懂得這有什麼可取之處。

於是，羅丹遭受了嚴厲的批評，報上的輿論說他風格拙劣、品味低級，甚至喜好色情，而且還有暴露狂的傾向。

兩年之後，羅丹又舉辦了一次展覽，這次展出的是另一位大文豪巴爾札克的雕像。

巴爾札克本人長得又矮又胖，樣貌一點兒也不出衆，但是羅丹所雕塑的巴爾札克卻頂天立地，眼神銳利如獅，氣勢有如疾風暴雨。羅丹雕出了巴爾札克的精髓，是世人無法透過外表見到的另一面。

然而，這樣偉大的藝術作品並不被當時的人們接受，人們只相信他們眼中所看見的，只期待看到他們所熟悉的，因此，羅丹再一次遭受猛烈的攻擊與惡意的扭曲。

得不到知音的失落感，不僅使得羅丹心情沮喪，還讓他病倒在床榻。

但是，這些接踵而來的打擊並沒有使他一蹶不振。正因爲不被世人了解，所以他更加不能放棄自己的堅持；正因爲不受人矚目，所以他把所有的熱情都投之於努力創作。

許多年後，隨著人們觀念的開化，在一次大型展覽中，羅丹終於受到表揚，多年的努力終於有了開花結果的一天。

他所有的作品都被收藏在「羅丹閣」裡，記載著這位藝術大師光輝的歷史。

普卡利烏斯曾說：「消除煩惱的最好辦法，就是別讓小事佔據你的頭腦。」

其實，耗盡我們生命的，與其說是重大的悲劇，不如說是瑣碎的小事所引起的煩惱，因千萬別爲小事煩惱，不要讓小事綁架自己的腦袋，也不要用負面的情緒折磨自己！

當你成功了，你才可以不用理會旁人的冷言冷語。

當你成功了，你才能理直氣壯地說：「堅持是對的」。

否則，你所有的堅持在別人眼中都只是「固執」，你的勇往直前在別人眼中只是「剛愎自用」。

別忘了，世人總是只看結果的，在你什麼都不是的時候，你的話通常也沒有人相信。

羅丹的奮戰歷程告訴我們，成功需要一個適當的時機，時機到了，一切自然水到渠成，時機未到，再怎麼費盡唇舌去解釋也是枉然。

當然，如果你沒有羅丹那樣的驚世之才，就不要太過自以爲是，與其等待一個適合你的時機，不如把握眼前的機會好好努力，只有盡了全力，你才能創造出自己的天地。

越心急，對自己越不利

清者自清、濁者自濁，只要對得起自己、自認問心無愧，那麼這些批評和誤解，就讓時間去證明吧！

一旦別人對自己產生了刻板的印象，那麼若想再扭轉形象，可就不是那麼容易的事了。

有時候，越是刻意想要改變別人對自己的看法，反而只會給讓別人越來越糟糕的印象。

王先生因爲家中的房子重新油漆，所以決定到高級旅館裡住幾天。他不想帶太多行李，所以只用塑膠袋裝了幾件換洗衣物，就這麼到旅館去了。

到了旅館，櫃檯經理看了看王先生的行李，沒說什麼，就叫服務生把王先生帶到房間。

王先生睡到半夜，忽然聽到浴室裡有奇怪的聲音，起床查看，發現竟然浴室裡居然有一隻老鼠！王先生非常驚訝，沒想到一流的旅館中也會有老鼠！

第二天早上，王先生便對前來打掃的服務生抱怨說：「我的房間裡有老鼠，我要求換房間。」

沒想到服務生卻回答他：「這是一流的高級旅館，不可能會有老鼠出現，您一定是看錯了。」

一氣之下，王先生把經理也叫來了。經理也十分堅持旅館不可能會有老鼠，而且因爲旅館已經客滿，所以沒有辦法替王先生換房間。

王先生的抱怨很快就在旅館的職員間傳開了，旅館的職員開始認爲王先生是個故意找碴的怪人，先是用塑膠袋裝行李，現在又說旅館有老鼠，分明是故意找飯店的麻煩。

王先生見旅館經理不相信他的話，便下定決心一定要親自把老鼠抓到，以證明他不是無中生有的人。

幾天後，王先生終於把老鼠抓到了，旅館經理也向他道了歉，但是員工們卻從此將王先生視爲「難搞的怪人」。

所謂「越描越黑」，有時候你越心急，就越容易把事情弄糟。

如果被他人誤解，或是蒙受不白之冤時，越是急著辯解，越會讓別人覺得你在狡辯。

所以，這時不妨先讓自己冷靜下來。

清者自清，濁者自濁，只要對得起自己，自認問心無愧，那麼這些批評和誤解，就讓時間去證明吧！

有時，無知也是一種幸福

豪情萬丈、知足常樂，孰是孰非、誰對誰錯並不重要，重要的是你想要哪一種生活方式。

思想家費爾巴哈曾寫道：「理論不能解決的疑難問題，行動可以幫你解決。」

如果，你認爲應該做的事，不論理論上可不可行，儘管放手去做，因爲，不論做得好或不好，至少你已經往自己的目標踏出重要的第一步。

無論你選擇的是哪一種人生，每一種都有優點和缺點，有不同的幸福和遺憾，只要心甘情願，你的人生就能充滿喜悅，並且了無遺憾。

透過薄薄的一層膜，兩隻蝶蛹好奇地往外看，外面五彩繽紛的世界和自己身處的雪白天地是多麼的不同啊！

「外面眞是太漂亮了！」一隻蝶蛹忍不住驚嘆道：「我眞希望現在就可以飛出去欣賞一番！」

「別傻了，我才不想呢！」另外一隻蝶蛹說：「前些日子突然下了大雨，蜜蜂呀、蝴蝶呀，手忙腳亂地四處尋找遮風蔽雨的地方，那個樣子說有多狼狽就有多狼狽，平時打扮得再怎麼艷麗，到了這種時候，又有什麼值得羨慕的呢？」

「可是，畢竟晴天還是比雨天多啊！」第一隻蝶蛹說。

「那又怎麼樣？你以爲晴天就是太平天了嗎？」第二隻蝶蛹十分不以爲然：「你沒有看新聞嗎？昨天才剛剛發生的事呢！有三隻短命的青蛙不小心跳進了蛇的肚子裡，還有一隻可憐的麻雀被不曉得從哪裡冒出來的石頭擊昏，外面的世界危機四伏，實在太可怕了！」

「可是，我們在這個小小的蛹膜裡，只能一動也不動地蜷曲著，活著也沒有意思，有什麼好呢？」

「我說你呀，簡直是身在福中不知福，別人羨慕我們都還來不及呢！除了蝶蛹，誰有這麼好的住所？蝶蛹雖然小，但是安全、有保障，而且環境清爽，沒有污染。」第二隻蝶蛹理直氣壯地教訓道。

第一隻蝶蛹沉吟了一會兒，表情堅定地說：「不管外面的世界到底怎樣，我一定要飛出去親眼見識見識。」

幾天之後，附近颳起了大風，無情的風雨把一隻乾癟的蝶蛹毫不留情地吹進河裡，蝶蛹逐漸下沈，慢慢地便隱沒在水裡了。

就在此時，天空中出現了另一隻青春美麗的蝴蝶，而且無畏風雨，開懷地在河面上翩翩起舞。

第一隻蝶蛹豪情萬丈，第二隻蝶蛹知足常樂，孰是孰非、誰對誰錯並不重要，重要的是你想要哪一種生活方式。

胸懷大志的人往往樂觀進取，一心只想把天下踩在自己腳下，在人生道路上經歷千辛萬苦，從期望到失望之後，他們終於明白了人生苦多於樂，總算是不虛此行。

另外一種則是躲在溫室裡的花朵，他們追求安逸的生活，不願遭受日曬雨淋，也禁不起一點風吹草動。

他們活在自己單純、封閉的象牙塔裡，有時你會爲他們看不見外面的綺麗風光而唏噓，但有時反而會羨慕他們，因爲他們擁有嬰兒般無知的幸福。

有時，無知也是一種幸福，不是嗎？

別把自己交給運氣

抱著投機心態的人往往聰明反被聰明誤，反而多走了許多冤枉路，何不踏實一點，慢慢地走向目標呢？

當你把自己交給運氣時，運氣就偏偏會選在這個時候離你而去。不要以為丟銅板矇中答案的機率是一半，有經驗的人會告訴你，它的命中率只有十分之一。

「十賭九輸」這句話，難道你沒聽過嗎？

彥伯在讀大學的時候，由於一下子失去了升學的壓力，也沒人從旁鞭策，整日沈浸在吃喝玩樂之中，一點兒也不用功，只希望每科都能低空飛過，不要被退學就好。他平時不是和同學在宿舍裡打麻將，就是待在電腦前玩線上遊戲，書本的最大用途是拿來當杯墊，他認爲大學生就該這麼快活，教授應該不會故意跟他過不去。

到了期末的時候，有一個非常重要的化學測驗。考試的前一天晚上，大家都熬夜K書，就連平時不用功的同學也紛紛收起了玩心，埋在書堆裡臨時抱佛腳。

反觀彥伯，卻不把考試當回事，優哉游哉地打電動。

同學們很替他擔心，要是明天的考試過不了，後果可是不堪設想。然而，彥伯看著同學們憂心忡忡的樣子，卻「噗嗤」一聲大笑了起來，他說：「用用腦子，這其實很簡單！明天的考試總共有一百道是非題，每個問題只需要打『○』或『×』就可以了。我幾個月沒讀化學了，只好在考場裡丟銅板，我相信我能矇中六十題的。」

第二天，彥伯輕輕鬆鬆地走進考場，一拿到考卷就開始丟銅板，不到半個小時，就寫完了一百道題目，瀟灑地離開考場。

考完試的隔天，他在走廊裡遇到了化學教授。

彥伯向教授問好，並問他說：「教授，請問考試的結果出來了嗎？」

教授笑著說：「已經出來了，你等一等。」說著，教授從口袋裡掏出一枚銅板，問彥伯：「你要正面還是反面？」

「嗯……反面。」

接著，教授把銅板拋向空中，然後十分帥氣地接住，看了看，皺著眉頭說：「非常遺憾，是正面，所以你被當了。」

最不用花時間的捷徑，不一定到得了目的地，它有可能會是個死胡同，甚至處處充滿危機，反而只會浪費你的時間和精力。

既然還有力氣，爲什麼要害怕多走一些路呢？我們的目標不只是「到達」目的地而已，抱著投機心態的人往往聰明反被聰明誤，爲了到達目的地，反而多走了許多冤枉路，何不踏實一點，慢慢地走向目標呢？

10

PART

希望是自己最好的投資

每個人在歷練人生的過程裡，不如意的遭遇是難免的，在這個時候，希望就是幫你從不如意的泥沼中掙脫的繩索。

心境就是通往幸福的捷徑

真正的幸福就來自於我們的內心。只要你覺得幸福，不論在什麼環境，你都是一個幸福的人。

作家尼克芬斯曾說：「只要你認為自己做得到，你就可以做到別人認為自己做不到的事情。」

不管你眼前的際遇如何，都不能小看自己；人生要過得自在，就必須做好心理建設，讓自己心無罣礙，肯定自己的價值。

萊辛曾經寫道：「我們的徬徨和無助，多半是基於我們對生命無知。」

其實，所謂的生命瓶頸，絕大多數是因爲我們過高地評估問題的嚴重性和困難度，同時也小看自己，因此，我們才會將別人眼中輕而易舉的問題，當成是自己生命中不能承受之重。

很久很久以前，在挪威的一個小村莊裡頭，有一個整天愁眉不展的年輕人，總覺得自己是世上最不幸的人。於是，他天天向上帝祈求，希望上帝能讓自己獲得幸福。

上帝聽到年輕人的祈求，就派來一位天使。天使把年輕人帶到一個峽谷，告訴他這裡就是充滿神奇魔力的幸福峽谷，也是「人間天堂」。

年輕人看著峽谷中繁花盛開的美景，心情不由得豁然開朗。他還來不及對天使表示感激，天使就說：「每個人的一生中只能來這個峽谷兩次，你要好好珍惜另一個難得的機會啊！」

話剛說完，天使就消失不見了。

等到暮色降臨，年輕人才依依不捨地離開峽谷。從此，這個年輕人的生活態度有了大幅度轉變，因爲他知道幸福峽谷能夠爲他帶來幸福，他也一直牢記天使的告誡，不輕易動用他最後的機會。所以，他決定盡自己的最大努力去解決問題，不到萬不得已，絕對不到峽谷去。

奇怪的是，在他的努力下，所有的問題都迎刃而解，到了晚年，他已經是著名的成功人士。

在他生命的最後階段，他獨自來到幸福峽谷，跪在峽谷中感激上帝對他的厚愛，賜予他無限的幸福。

這個時候，天使倏然出現在他的面前，告訴他幸福全靠他自己的雙手去創造的，上帝只不過幫了他一點忙而已。

他不相信，說道：「這裡不是具有魔力的幸福峽谷嗎？」

天使笑了一笑，反問他說：「難道你眞的認爲，這裡跟別的峽谷有什麼不同嗎？」

當年的年輕人愣住了，他仔細的觀察眼前的峽谷，終於恍然大悟。

對生活的態度往往只取決於一念之間，樂觀的人覺得人生處處是幸福，所以過得幸福快樂；至於悲觀的人，因爲有著悲觀的想法，凡事都先想著自己做不到，於是注定會有悲觀的結果。

很多人以爲追求幸福是一件很困難的事，其實，眞正的幸福就來自於我們的內心如何看待自己的際遇。

只要你覺得幸福，不論在什麼環境，你都是一個幸福的人。所以，你的心態，就是通往幸福最快速的捷徑。

發明大王愛迪生曾經這麼說：「失敗也是我所需求的，它和成功對我一樣有價值，只有在我知道一切做不好的方法以後，我才知道做好的方法究竟是什麼。」

的確，在人生過程中，一遇到瓶頸就小看自己的人，會把瓶頸當成沉重的包袱。但是，勇於突破的人，則會把它當作邁向成功的墊腳石。

不要因爲一隻小蟲而跟自己過不去

只要這些阻礙不會妨害到你，你就大可不必理會，因為只有當你注意到這些阻礙時，它才會對你造成影響。

現實生活中難免會遇到一些令人煩心的小事，這些小事就像蒼蠅一樣，對你沒有很大妨礙，卻總是在身邊圍來繞去，讓你心浮氣躁，無法專注。

當這些「蒼蠅」圍繞著你的時候，如果沒有辦法將它們趕走，那就試著學會跟它們共存。千萬別因爲一隻微不足道的蒼蠅，轉移了注意力，讓自己模糊了成功的目標。

在一場國際矚目的世界撞球錦標賽中，一位蟬聯多次冠軍的選手在他引退前的最後一場比賽中，表現得出奇順利，只要把九號球打進袋，就能以世界冠軍的頭銜光榮退休。

就在這個令人屏息注目的時刻，不知道從什麼地方，飛進來了一隻小蟲。這隻小蟲正好停在選手的手臂上，選手正準備擊球，卻因爲小蟲的關係停下來，揮手趕走小蟲。

把小蟲趕走之後，選手集中精神，彎下腰準備擊球時，誰知道，這隻煩人的小蟲又來了。

這一次，小蟲停在選手的臉上，原本集中的注意力又被打斷，選手開始不耐煩了，用力揮趕那隻討厭的小蟲。

把小蟲趕走後，選手再度準備擊球，沒想到可惡的小蟲竟然又飛回來了，而且像個幽靈似的落在九號球上。

選手再也受不了了，生氣地拿起球桿就對著小蟲捅去。

小蟲雖然受到驚嚇飛走了，可是選手在還沒瞄準的情況下就擊球，以致於打偏了，九號球沒進袋。

按照比賽規則，接下來該輪到對手擊球了。

對手抓住這個大好機會，不偏不倚地把九號球打進袋中，而且展開凌厲攻勢，最後反敗爲勝。

這位選手想以世界冠軍頭銜退休的希望落了空，而且因爲他已經公開宣佈退休了，所以再也沒有機會參加世界大賽。就因爲一隻小蟲，讓這個冠軍選手耿耿於懷了一輩子。

亞瑟．艾許曾說：「一個人的眼界，決定他可以擁有多大的成就。」

一個人能否創造出一番成就，關鍵往往在於是否懂得用積極樂觀的態度，面對競爭激烈的人生戰場。

不論多麼乾淨的地方，都會出現一些莫名其妙的小蟲，這就跟生活和工作一樣，再順利的事情，偶爾也會出現一些小阻礙。

只要這些阻礙不會妨害到你，你就大可不必理會，因爲只有當你注意到這些阻礙時，它才會對你造成影響。

就跟落敗的撞球選手一樣，如果他不把注意的目標放在小蟲上，就不會因爲心浮氣躁而抱憾終生。

當你在遇到這些「小蟲」的時候，記得，不要讓它們轉移了你的注意力，否則你就是跟自己過不去。

希望是自己最好的投資

每個人在歷練人生的過程裡，不如意的遭遇是難免的，在這個時候，希望就是幫你從不如意的泥沼中掙脫的繩索。

當你在遇到挫折或困難時，不要忘記其實你對自己的生命，擁有比你想像中還要更多的主宰權力；如果你認爲自己沒有這些權力的話，那只是因爲你不知道該怎麼去運用而已。

學習主宰自己最好的方式，就是讓自己的心態隨時保持希望。

卡爾．賽蒙頓是美國一位專門治療癌症的著名醫生。

有一次，賽蒙頓醫生負責治療一位六十一歲的癌症病人，這位患者的體重大幅度下降，瘦到只剩四十四公斤；因爲癌細胞擴散的關係，使他不但無法進食，甚至連基本的呑嚥口水的動作都無法做到。

賽蒙頓醫生告訴這位病人，只要他抱持著希望，自己一定會盡全力幫助他對抗癌症。病人答應賽蒙頓醫生，說他一定會保持樂觀的心情。

醫生爲了減少病人不安的情緒，讓病人充分了解病情，以便和醫護人員合作，每天都將治療進度詳細的告訴病人，解說他的身體對治療的反應。

治療的情形令人驚訝的良好，病人不但對醫生的囑咐完全配合，使治療過程進行得相當順利，也隨時保持樂觀的態度，不斷運用想像力想像他體內的白血球正努力對抗癌細胞，而且獲得最後的勝利。

過了一段時間後，病人的意志力加上醫療小組的努力，果然成功的抑制了癌細胞的擴散，讓原本被宣判爲癌症末期的病人重獲新生。

每個人在歷練人生的過程裡，不如意的遭遇是難免的，在這個時候，希望就是幫你從不如意的泥沼中掙脫的繩索。

因爲，時時保持希望的人，失敗對他而言，只會更堅定自己的決心；擁有了不易動搖的決心，才會有接下來的成就。

當你在聆聽理財專家談論如何增加金錢財富的時候，別忘了，你也要增加你內心的財富。

金錢的投資只能讓你得到金錢，但是對希望的投資，卻能讓你得到更多用錢也買不到的東西。

跟你不喜歡的人做朋友

學習接納自己不喜歡的人，不但更有效的開展自己的視野，也能增加自己在不同領域中的人脈，讓自己更具備競爭的優勢。

在現實生活中，不可能總是碰到跟你合得來的人，必定有幾個是你看不順眼或使你厭惡的人出現。

如果你只會以排斥的態度來對待你不喜歡的人，最後你的朋友只會越來越少，導致自己的人際關係寸步難行。

在美國東部有一所全美知名的私立學校，這所學校的入學成績需要平均九十分以上才能夠提出申請，而且它的學費相當於一個普通家庭整個月的開銷，因此進入這所學校的學生都是家境富裕又成績優異的。

雖然這所學校培育出許許多多優秀的人才，但是它有一個非常嚴重的困擾。學校緊鄰著一個治安非常差的貧民區，學校的玻璃經常被貧民區的兒童打碎，學校學生的車子總是被偷，學生在晚上被搶已經不是新聞，甚至還有女學生遭到強暴的事件發生。

這些層出不窮的犯罪事件，不但嚴重影響學生的人身安全，對學校的聲譽也有所損害。

「像我們這麼優秀的學校，怎麼能跟貧民區相連呢！」

因爲這個想法，董事們一致通過用學校雄厚的財力，把貧民區的土地和房子買下，改建爲學校校園。這樣一來不但校園變大了，也可以讓那些貧民離學校遠一點。

可是，問題並沒有因此解決，反而變得更加嚴重。因爲那些貧民雖然搬走，卻只是向外移而已，學校還是跟貧民區相連，加上廣大的校園不容易管理，結果反而使治安變得更糟了。

董事會沒辦法，只好請當地的警官一起來商量解決之道。

警官對董事們說：「當你們跟鄰居處不來時，最好的方法不是把他們趕走，而是應該試看去了解他們，進而才能改變他們。」

警官的話讓董事們恍然大悟，於是他們改變方針，為貧民區的兒童設立補習班，捐贈教育器材給鄰近的中小學，還開放部分校園為運動場，提供貧民區的青少年們使用。

就這樣，沒過幾年，不但學校周圍的治安變好了，連貧民區的生活水準也跟著提高，不再稱為貧民區了。

成功的人往往不是那些才華出眾的人，而是那些應對進退不卑不亢，既不小看自己，也不小看別人的人。善於把自己的努力用在正確地方的人，如果掌握了這個法則，那麼你就離成功不遠了。

學會和你不喜歡的人做朋友，也是拓展人際關係不可缺少的一種能力。像上述提到的學校，當董事們選擇以排斥的手段解決問題時，問題只是變本加厲而已；可是，他們一旦放下了心中的成見，願意敞開心胸接納時，問題反而就能夠迎刃而解。

在我們的生活中也是如此。學習接納自己不喜歡的人，不但比上任何課程都能更快、更有效地開展自己的視野，也能增加不同領域中的人脈，讓自己更具備競爭的優勢，何樂而不爲呢？

好的結果，來自於好的信念

成功的基礎都源自於相信自己的信念，因此，如果你想要讓自己能夠有所成就，就要先從堅定自己的信念開始做起！

透過許多心理學的實驗結果，我們現在可以很清楚了解潛意識對於我們的影響。其中，「信念」便可以說是潛意識影響我們最明顯的一個例子。

只要我們相信自己做得到，潛意識便將這個信念反映在我們的行爲裡，這一點在許多歷史上成功人士的例子裡都表現無遺。

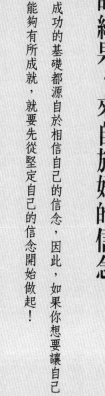

哈佛大學的羅森塔爾博士曾經在加州的一所學校做過實驗。

在新學期一開始，他請校長把三位老師叫進辦公室，告訴他們根據過去的教學表現，他們是全校最好的老師，所以今年學校特別挑選了三班全校最聰明的學生讓他們教導。

校長勉勵這三位老師說，這批學生的智商比同齡的孩子都要高，希望他們能因此有更好的成績。這三位老師聽完校長的話，心中都非常高興。

最後，校長還特別叮囑這三位老師要像平常一樣教導學生，不要讓學生或家長知道他們是被特意挑選出來的。

過了一年之後，這三個班級的學生成績不但是全校最優秀的，還比整個學區的平均分數高出許多。這個時候，校長才告訴老師們，其實這些學生並不是刻意挑選出來的，他們都只是隨機抽選出來的普通學生。

三位老師萬萬沒有想到事情會是這樣，只能將結果歸功於自己教學有方。

這時，校長很不好意思地告訴他們另外一個事實，原來他們三個也是從教師中隨機抽出來的，並不是什麼特別優秀的老師。

但整個實驗結果就如博士所料：因爲這三位老師覺得自己很優秀，對自己充滿了信心，因此教書也就格外賣力；學生感覺到老師的認眞，自然而然也會努力讀書。就這樣，原本一群很普通的人，因爲相信自己是優秀的，結果就眞的成爲優秀的人。

好的結果，通常來自好的念頭。

只要對自己充滿自信，很多事情都可以改變。要是你覺得眼前的際遇讓自己痛苦，不妨多給自己一點好的念頭。

我們常常會祝福別人「心想事成」，其實這句話就包含了潛意識的作用。因爲當一個人對自己產生了信心，即使失敗也不會因此灰心喪志，這樣當然能夠達成自己所設定的目標。

一切成功的基礎都源自於相信自己的信念，因此，如果你想要讓自己能夠有所成就，就要先從堅定自己的信念開始做起！

不要變成別人的影子

一個只想著迎合別人，希望成為別人的人，只能在人生的路上隨波逐流，沒有辦法找出屬於自己的方向。

有的時候，人要知道「認命」。

這裡指的認命，不是要你屈服於自己的命運，而是能夠明白，不管你如何模仿別人，你還是你，不會因此變成另外一個人。

不要小看自己，每個人都是獨一無二的，所以，只能滿心歡喜地做好自己，這就是所謂的「認命」。

奧列弗．戈爾德．史密斯曾經寫過這麼一則寓言故事。

從前，有一位畫家，他的夢想是畫出一幅人人見了都會喜歡的畫。畫家嘔心瀝血地畫完之後，就拿到市集中去展出。他在畫的旁邊放了一枝筆和一則佈告，佈告上寫著：「每一位看過這幅畫的人，如果認爲這幅畫有畫不好的地方，都可以用筆在畫中標明記號。」

到了晚上，畫家從市集中把畫拿回家，發現整幅畫上面都塗滿了記號，沒有一個地方不被指責。

畫家看了這個結果，對自己這次的嘗試感到十分失望。

畫家沒有因此洩氣，決定試試看另一種方法。

於是，他又臨摹了一幅相同的畫，拿到不同的市集中展出，可是這一次，他要求每一位看過畫的人，把他認爲畫得最好的地方標上記號。

這天晚上，當畫家拿回畫的時候，他發現畫上面又被塗滿了記號，那些上一次曾經被指責得體無完膚的地方，如今卻都被視爲生花妙筆。

做任何事，只要能讓一部分人滿意就夠了，因爲，在有些人眼中視爲醜惡的東西，在另一些人的眼裡卻可能是美麗的象徵。

我們在做一件事之前，經常會考慮別人的反應來決定該怎麼做，而不是按照自己的意願去行動。尤其諸如所謂「成功」、「幸福」等定義，似乎已經有了約定俗成的標準，如果沒有達到這個標準好像就是不對的。

著名的精神分析家弗洛伊德說過：「人們常常會有錯誤的判斷標準，他們為自己追求權利、成功和財富，而且羨慕別人擁有這些東西，因此往往低估了生活的真正價值。」

人生的價值應該讓自己來認定，一個只想著迎合別人，希望成爲別人的人，只能在人生的路上隨波逐流，沒有辦法找出屬於自己的方向。

因此，認命的做自己，永遠不要想變成別人的影子！

理解別人，是成功溝通的第一步

只要願意放下自我，真心的去理解別人，在一次一次減少衝突的過程中，良好的溝通默契自然會逐漸形成。

不管工作、生活或人際交往，都會有不順遂的時候，其實，只要我們願意換個角度和這人事物溝通，糾葛就能迎刃而解。

敏銳的心能讓我們設身處地的爲別人著想。而且，只有能理解別人的人，才不會因爲個人的偏見，傷害到別人自己還不自知。

一名寵物店的店主在門口貼了一則降價出售小狗的廣告；廣告一出現，便吸引了附近孩子們的目光。

有一個小男孩在廣告貼出後不久，慢慢走進寵物店，問店主人說：「小狗賣多少錢？」

店主回答：「一隻五十塊。」

小男孩聽了，從口袋裡掏出一些零錢：「我只有十塊錢，能不能讓我看看牠們？」

店主笑了笑，讓負責管理狗舍的員工把小狗帶出來。不久，員工的身後跟著五隻活蹦亂跳的小狗，可是其中有一隻遠遠的落在後面。

小男孩立即發現了落在後面一跛一跛的小狗，好奇地問店主：「那隻小狗是生病了嗎？」

店主跟小男孩解釋，說這隻小狗天生腿就有問題，所以牠只能一跛一跛地走路。小男孩聽完，說道：「我要買這隻小狗。」

店主回答說：「其實，你可以不用花錢，如果你眞的想要牠的話，我就把牠送給你好了。」

小男孩不但不高興，還很生氣地對店主說：「我不需要你送給我，那隻狗和其他狗的價値是一樣的。我現在就付十塊錢給你，以後每個月付你十塊錢，一直到付完爲止。」

店主苦口婆心地勸小男孩：「你根本不用買這隻狗，牠不可能像別的狗那樣又蹦又跳的陪你玩。」

聽了店主的話，小男孩彎下腰，捲起左褲管，露出嚴重畸型的左腿，靠一個大大的金屬支架撐著。

小男孩輕輕地對店主說：「我自己的腿也不好，那隻小狗需要有一個能理解牠的主人。」

據說，釋迦牟尼某次在說法的時候，曾經拿著一朵花面對眾弟子，一句話也不講。

所有的弟子都不曉得釋迦牟尼要表達的是什麼，只有迦葉一個人會心地一笑，於是釋迦牟尼就把衣缽傳給了迦葉。

由這一段關於禪的故事，可以知道溝通的最高境界，就是「盡在不言中」。要達到這種境界，關鍵就在於要能保持一顆敏銳的心。

也許不是每個人都能在生活中與別人達到「拈花微笑」的溝通層次，但是，只要願意放下自我，真心的去理解別人，在一次一次減少衝突的過程中，良好的溝通默契自然會逐漸形成。

得不到的，不一定是最好的

與其為了那些得不到的虛幻事物而不快樂，不如轉而相信自己得到的就是最好的。這樣一來，你的每一天才會充滿著快樂。

很多夫妻在吵架的時候，都只看到對方的缺失，卻看不到對方的優點，因而出現尖酸刻薄的對話。

這種只知道傷害對方的對話，不但解決不了問題，還會越演越烈，到最後演變成離婚的情形比比皆是。

其實，當初你不就是認爲對方是最適合的另一半，所以才決定結婚的嗎？既然如此，爲什麼兩個人在經過一段婚姻生活後，原來互相吸引的優點卻蕩然無存，反而會產生出許多感嘆和埋怨？

追根究底，或許是因爲「得不到的，永遠最好」的心態在作祟吧。

有一則寓言故事，似乎可以說明這種心態。

有一個人天天向上帝禱告，祈求上帝讓他的願望實現。上帝聽見了他的祈禱，於是出現在他面前，拿出兩個蘋果代表他祈求的兩個願望，讓他選擇要實現哪一個。

這個人考慮了很久，終於下定決心，選擇了代表他認爲自己最希望實現的願望的那個蘋果。

上帝微笑著答應了他的願望，就在他接過蘋果，轉身離去的那一剎那，他突然後悔，想跟上帝調換成另一個蘋果。

但是，當他轉身回頭時，上帝已經不見了。

結果，雖然上帝實現了他的一個願望，但他還是整天想著他失去的那個願望，悶悶不樂地過了一生。

人總是對得不到的東西抱著過多而不切實際的期待，以致於忽略了自己已經擁有的東西。

這種人從來沒想過，自己所擁有的，也許正是別人想要卻得不到的；而且那些得不到的東西，其實根本沒有想像中那麼好，也許只是自己一廂情願去美化它而已。

所以，與其爲了那些得不到的虛幻事物而不快樂，不如轉而相信自己得到的就是最好的。

這樣一來，你的每一天才會充滿著快樂，不至於爲了那些無謂的小事痛苦。

11

PART

有耐心的人，才能獲得最後勝利

沒有耐心，只想以最快的速度達到目的的話，結果不但會一無所得，還白白浪費了自己的能力。

不要讓失敗對自己造成傷害

心理學家艾德勒說：「你愈不把失敗當作一回事，失敗就愈不能對你造成傷害，只要保持心態的平衡，成功的可能性也就愈大。」

有位作家曾說：「我不認為『失敗』會使我們失去什麼，因為真正的失敗是我們連試都不試就想放棄。」

的確，許多人在失敗之後常常說「本來是會贏的」之類的說法，他們並不是不可能成功，而是他們老早就已經放棄了。

約翰．克利斯是一位英國小說家，著作等身的他，一生總共寫過五百六十四本書，但是，在成名之前，他所遭遇的退稿挫折可一點也不少於他出版過的書量。

就算瑪格麗特．米契爾在成名作《飄》出版前，收到的退稿也不少於此；梵谷在他有生之年，幾乎沒有賣出任何一幅畫；貝比．魯斯剛進大聯盟的時候，也只有坐冷板凳的份，有誰知道後來他會擊出了七百十四支全壘打……

許多享譽世界的名人，幾乎都歷經了各種挫折甚至難堪，才能有今天的成就。

這些成功的人之所以成功，是因爲他們懂得從失敗中獲得智慧。

沒有任何人天生就是贏家，贏家都是跌了好幾次跤才走到現在的寶座，他們所擁有的傷痕肯定比得到的獎牌還要多。

那是因爲他們在成功的關鍵時刻，明白只要再支撐一分鐘，就還有機會改變自己的命運。

大多數人都只想追求速成的成功，認爲一生中最重要的就只一個「贏」字，一旦失敗了就怪罪別人、歸咎環境，甚至埋怨老天，總是給自己一大堆藉口推卸責任，可是，有趣的是，當他們成功的時候，卻很少會把功勞歸給旁人。

奧地利心理學家艾德勒曾經勵世人說：「你愈不把失敗當作一回事，失敗就愈不能對你造成傷害，只要保持心態的平衡，成功的可能性也就愈大。」

明白艾德勒所說的意思嗎？

其實，這就是東方宗教所說的「平常心」。當你因爲想做而去做，爲了夢想前進而前進，那麼連失敗都有正面的價值！

去問一問溜冰高手怎樣才能學會溜冰，相信他一定會告訴你：「跌倒，爬起來，你就成功了。」

失敗是你的權力

沒有失敗的陪襯，就不會知道成功是如何珍貴。只要不是失敗於同一個原因，失敗就不是一件丟臉的事。

「許多人夢想成功，但是對我來說，成功只有在經過多次的失敗，以及對失敗進行過反省才能獲得。而且，所謂的成功，只代表著你的工作的百分之一而已，其餘的百分之九十九則意味著失敗。不過，既然還有百分之一的希望，就應該堅持下去！」

這段話，是日本著名的企業家本田宗一郎在密西根大學獲贈榮譽博士學位時的演講詞。

他還曾經把這段講詞濃縮成一個簡潔有力的忠告：「企業家必須善於瞄準不可能的目標，以及擁有失敗的自由。」

本田宗一郎出生在貧窮的家庭，是一個在路邊修理自行車的窮鐵匠的兒子。雖然家境貧窮，但是，這樣的成長環境對他剛開始試製摩托車時產生了極大的作用，因爲父親的關係，本田宗一郎從小就對解決機械問題有濃厚的興趣。

本田宗一郎的家境不好，爲了避免同學的嘲笑而經常逃學。他雖然不喜歡上學，但是對汽機車和機械裝置的喜愛卻是有增無減。他曾在在自傳中描寫自己小時候第一次看到汽車情形：「我很激動，忘掉了一切，只顧著跟在車後跑，雖然那個時候，我只是個孩子，但是總有一天我要製造自己的汽車的想法，已經開始萌芽。」

懷著這個信念，終於，在二十世紀五〇年代，本田宗一郎創立了屬於自己的汽車公司，接著在五年內打敗了二百五十個競爭對手，確立了本田汽車公司在日本的地位。

本田一直不認爲失敗是丟臉的事，他曾經說過：「回顧我的工作，就是一連串的失敗和犯錯罷了。不過，我很自豪的一點是，雖然我接二連三犯了許多錯誤，但是這些錯誤和失敗，都不是同樣的原因造成的。」

不要爲了眼前遭遇的失敗痛苦，只要勇敢面對，失敗就不會是最終的結果。

很多時候，只要懂得轉換念頭，就會讓自己充滿信心，讓那些看似困難的事情有著更好的結果。

如果沒有失敗的陪襯，就不會知道成功是如何珍貴。

歷史上沒有一個成功人物沒有失敗過，可見失敗是成功的必經之路；只要不是失敗於同一個原因，失敗就不是一件丟臉的事。

然而，要是一而再，再而三地在同樣一件事情上犯錯，這就不叫失敗，而是愚蠢了。

賣東西，要賣到顧客的心坎裡

如果產品能確實銷售到消費者的內心，那麼就是為口碑行銷奠定了良好的基礎。

不論多好的產品，如果賣不出去，也會遭到淘汰。想要在現代的市場中擁有一席之地，除了替商品找出賣點之外，設法打動顧客的心也是必須的。

多年來，美國各地的花圃都以園藝學家大衛．波比的《花草種子郵購目錄》

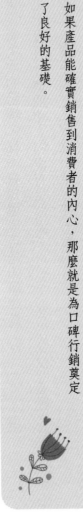

作爲季節性的銷售指標。目錄上建議該種什麼花，美國成千上萬的花園裡就會出現這些花。

大衛．波比的成功，在於除了園藝技巧高超之外，還懂得用不同的方式打動顧客的心，讓顧客高高興興的購買他的產品。

有一次，一個不喜歡花草的年輕人受家人之託，到波比的花圃買花。

波比看到年輕人一臉不情願的神色，就對他說：「想不想知道怎樣才可以過得輕鬆一點？」

年輕人聳聳肩，表示聽聽也好。

波比說：「要不要試試看吸毒，保證你馬上就會放鬆。」

年輕人很驚訝地看著波比：「你瘋了嗎？吸毒是犯罪的行爲，怎麼可能讓自己放鬆！」

「那麼，你就隨便去找個女孩結婚，如果婚姻不美滿的話，再離婚也不遲。」波比又出了一個主意。

聽了波比這麼不負責任的話，年輕人沒有回答，只是搖搖頭。

波比看了年輕人的反應，又說：「如果你不喜歡的話，那去好好大吃一頓，你一定會覺得輕鬆的。」

年輕人開始不耐煩了，對波比說：「我又不是小孩子，有東西吃就會高興。你這些方法沒有一個管用！」

波比聽完年輕人的話，話鋒隨即一轉：「既然這些方法都不好，那，你要不要學學我？」

波比指著自己的花圃對年輕人說：「學著種點花草，你隨時隨地都會覺得自己輕鬆又愉快。」

年輕人看著波比的花圃，雖然已是深秋時節，但花圃裡還是百花齊放，看了果然讓人心曠神怡。

年輕人原本不耐煩的臉色漸漸舒緩，臨走的時候，還順手帶走了一份郵購目錄回家參考。

在這個講究行銷的世界中，某位大師曾經說過這麼一句話：「口碑行銷永遠是最好的行銷。」

確實如此，如果產品能夠感動消費者的內心，那麼，無疑就是爲口碑行銷奠定了良好的基礎。

不要小看自己，別人做得到，你也一定可以！不管在工作上或生活上，每個人都必須面對問題，也必須學著解決問題。

只要你能在顧客心目中留下良好的印象，他們對產品的忠誠度，是任何廣告也動搖不了的。

以貌取人，小心讓自己下不了台

只會以外表來判斷一個人，不但讓自己成為笑話，也會讓自己被視為膚淺的人。

在武俠小說裡，我們經常可以讀到，許多外表看起來貌不驚人的人，往往都是身懷絕技的武林高手。

在現實生活中，也存在著許多外表平凡，卻擁有真才實學的人。如果只單憑外表來判斷一個人的話，遇到深藏不露的世外高人，便會因此鬧出許多笑話，徒然讓自己尷尬得下不了台。

有一個有錢美國人到法國旅行，當他正在巴黎郊外散步的時候，忽然看到有一個老人正在一所漂亮的別墅花園裡澆花鋤草。

美國人看這個老人不但栽種花木的技術純熟，神情也非常負責認眞，由於他家中也有一座美麗的花園，覺得自己家裡的園丁都比不上這個老人，於是就興起了聘請老人到美國替他工作的念頭。

這個美國人走到老人的面前，問他願不願意到美國去做他家的園丁，他可以給他很高的工資，還能負擔他一路上的旅費。

爲了引起老人的興趣，他還把美國種種的情形加油添醋地大說特說，彷彿美國是個人間天堂一樣。

老人微笑著聽完美國人的話，接著說：「先生，眞是對不起，我很感激你的好意，但是，我另外還有一份工作，沒有辦法離開巴黎。」

美國人驕傲地說：「你乾脆全部辭掉吧，我會好好補償你的。你除了園丁之外還做些什麼？是養雞嗎？」

「不是。」老人回答：「如果法國人下次不再選我的話，我就可以到你家裡去做事了。」

美國人聽完，好奇地問：「法國人要選你做什麼啊？」

「不好意思，先生，我是法國總統。」

人不能小看自己，同時也不要小看別人。

一個有成就的人，就會明白「人外有人，天外有天」的道理，所以行事自然會低調、內斂。

相反的，越是自以爲是的人，越喜愛出風頭也越容易出現尷尬的場面，讓自己下不了台。

如果不明白這個道理，只會以外表來判斷一個人，不但會頻頻鬧笑話，也會讓自己被視爲膚淺的人。

有耐心的人，才能獲得最後勝利

沒有耐心，只想以最快的速度達到目的的話，結果不但會一無所得，還白白浪費了自己的能力。

每個人都知道耐心的重要，但卻不是每個人都做得到。因爲，現實生活講求的是效率和快速，所以眞正有耐心的人，也許還會被嘲笑也說不定。

第二次世界大戰前，英國首相邱吉爾和德國的獨裁者希特勒秘密見面，兩個人在花園裡邊走邊談。

來到水池邊時，邱吉爾突然提議兩個人來打賭，看誰能不用釣具就將水池中的魚抓起來。

希特勒心想這還不容易，馬上從腰間拔出手槍朝池中的魚連射數槍。結果，雖然激起了一大片水花，但是一條魚都沒有射中。

希特勒無奈地對邱吉爾說：「我放棄了，看你的吧！」

只見邱吉爾不慌不忙地從口袋裡掏出一把小湯匙，開始一匙一匙地把水池裡的水舀出來。

希特勒看了，相當不以爲然，在旁邊大喊：「你這樣一匙一匙的舀，要等到什麼時候水才會被舀光啊！」

邱古爾笑著回答希特勒：「這個方法雖然慢了一點，但我保證，最後的勝利一定是屬於我的。」

有一句話語：「欲速則不達」，說明耐心在生活裡的重要。

可是，在步調緊湊的現實生活裡，要事事都耐著性子來處理的話，卻也不是一件容易的事。

不過，耐心的重要性還是不容忽視，因爲，並不是每一件事都可以依照自己的心意進行，學會耐心的等待，一來可以減少自己的得失心，二來在這段等待的過程中，也許能出現更好的機會也不一定。

總而言之，如果你像希特勒般沒有耐心，只想以最快的速度達到目的的話，很多時候，結果不但會一無所得，還白白浪費了自己的能力。

一次只下一個定義

當你認為自己失敗的時候，先仔細想一想到底是真的失敗，還是因為自己對事情的限制太多，結果讓自己被失敗的假象蒙蔽。

有一句成語叫「人多嘴雜」，同樣的一件事，如果同時有一群人各有不同的意見，那事情只會變得越來越複雜。

我們的心何嘗不是如此？要是一次爲一件事下了太多的定義，再簡單的事，也會讓我們暈頭轉向。

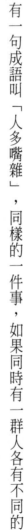

有一天，一個女孩問她的父親：「爸爸，爲什麼我的東西總是很容易就弄亂了呢？」

父親反問女兒：「妳所謂的『亂』，是什麼意思？」

女孩回答：「『亂』就是指沒有擺整齊。昨天晚上我花了很多時間把書桌重新整理好，可是就是沒辦法保持很久。」

父親聽完，就叫女兒：「妳把妳認爲的整齊擺給我看。」

女孩聽父親的話，便開始動手把書桌上的東西都歸定位，然後說：「你看，現在它不是整齊了嗎？可是，我就是沒辦法一直保持這樣。」

父親再問女兒：「如果我把妳的水彩盒往這裡移動一點點，可以嗎？」

女孩回答：「不行啦，這麼做，書桌就又弄亂了。」

父親繼續說：「如果我把這本書打開呢？」

「那也叫亂。」女孩回答。

父親這時笑著對女孩說：「乖女兒，這不表示東西很容易弄亂，而是在妳的心裡對亂的定義下得太多了，但對整齊的定義卻只有一個。」

作家普卡利烏斯曾經這麼勸告我們：「消除煩惱的最好辦法，就是別讓小事佔據你的頭腦。」

確實，耗費我們生命的，往往不是什麼重大事件，而是衆多瑣碎小事引起的煩惱，攪動情緒波動。

對一件事情下太多定義，不但做起來會有綁手綁腳、施展不開的感覺，而且如果稍微沒有按照規定去做，就會覺得自己沒有做好，讓自己陷入「失敗」的錯覺中。

所以，當你認爲自己失敗的時候，先仔細想一想，到底是眞的失敗，還是因爲自己對事情的限制太多，結果讓自己被失敗的假象蒙蔽。

有錢，不一定會變得更快樂

人一有了錢反而變得不快樂的原因，在於他們只看到眼前的金錢，忘記了以前生活中比金錢還要美好的東西。

在這個世界上，很少人會說自己不喜歡錢，有句話不就說：「錢不是萬能，但沒有錢卻萬萬不能」嗎？

就爲了怕會「萬萬不能」，所以有很多人費盡心思去賺錢。但是，賺了錢之後是不是就眞的一切順利？

其實，並不一定。

有一個貧窮的農夫，每天都忙著耕種鋤草，雖然日子過得很辛苦，但是他卻感到心滿意足。

有一天，他像往常一樣在田裡鋤草，突然間鋤頭碰到一塊硬硬的東西。農夫相當好奇，便奮力往下挖，不久，土裡竟然出現了一座由金子打造、價值連城的羅漢像。

農夫因爲發現了這座金羅漢，由原本的貧窮搖身一變，成爲一個大財主，整個村子裡的人對農夫的好運都是既羨慕又嫉妒。

照理來說，農夫從此應該過得很快樂，可是，他卻反而終日悶悶不樂。以前的農夫，只要能夠吃得飽、穿得暖，就感到生活無憂無慮，非常自在。但是，自從挖到金羅漢之後，就算每餐都是山珍海味，他也食不知味，睡覺也睡得不安穩。

除了害怕金羅漢被人家偷走這個原因之外，他吃不下、睡不著還有另外一個原因。

農夫每天都苦惱地想著一個問題：「十八羅漢裡面我只挖到了一座而已，其他的十七座不曉得在什麼地方？要是連這十七座羅漢我都能找到，那該有多好！」

人一有了錢反而變得不快樂的原因，在於他們只看到眼前的金錢，忘記了以前生活中比金錢還要美好的東西。

農夫的痛苦來源，就是因爲被貪婪蒙蔽了理智，所以才墮入了爲金錢苦惱的地獄裡。

成爲一個有錢人當然是件讓自己開心的好事，只要記住錢是由我們來支配，而不是由它來支配我們的話，我們就可以盡情享受金錢所帶來的各種好處，讓生活變得更好。

你並沒有想像中那麼重要

如果你不把自己看得太重要，那你就不會把自己沒有勇氣向前邁進的原因歸咎給別人。

每個人都害怕做錯事，總認為自己如果下錯了某些決定，就會成為別人眼中的笑話。

其實，這種想法根本就是多餘的，除非你在團體裡擁有舉足輕重的地位，別人特別注意你，不然的話，會因為你的一言一行而受到影響的，恐怕只有你自己而已。

約翰已經留了很多年的鬍子，有一天，他突然心血來潮，想把鬍子剃掉，可是又有點猶豫，不知道朋友、同事對他的新造型將有什麼看法，會不會因此而取笑他？

考慮了幾天，約翰終於下定決心，先把鬍子稍微修剪了一下，不要一下子全部剃光。

第二天上班的時候，約翰已經做好應付同事反應的心理準備。

結果卻出乎約翰意料之外，根本沒有人對他的鬍子改變有任何評價，只見辦公室的每個人都各自忙著自己的事情，沒有一個人對約翰的新造型發表過任何意見。

到了中午休息時間，約翰終於忍不住開口問同事：「你們覺得我這個樣子好不好看？」

同事愣了一下：「什麼樣子？」

約翰大聲說：「你沒有注意到我今天有點不一樣嗎？」

同事們這才開始從頭到腳打量約翰一番，最後終於有人開口說：「喔！你的鬍子變少了。」

有位著名的藝術家也曾經有過相同的經驗。

這位藝術家出生在一個大家庭，每次到了吃飯的時候，都是幾十個人一起坐在餐廳裡。

有一次，他決定跟大家開個玩笑，於是在吃飯前把自己藏在飯廳的櫃子裡，想等大家都找不到他時再出來。

沒想到，大家絲毫沒有注意到他不在，等到大家把飯都吃完了，他才垂頭喪氣地走出來吃剩下的飯菜。

就這樣，這位藝術家從這次經驗學到了一個很重要的教訓：「永遠不要把自己看得太重要。」

如果你不把自己看得太重要，那你就不會把自己沒有勇氣向前邁進的原因歸咎於別人。

可惜的是，不是每個人都擁有這樣的自覺，有很多人抱持著自以爲是的觀念，以爲自己的所作所爲有很大的影響，所以遲遲不敢行動，以致於白白浪費許多大好機會，讓自己永遠只能在原地踏步。

其實，想要成爲眞正具有影響力的人，只有一個辦法，那就是積極的將想法付諸行動。

別把自己限在框框裡

提昇自己的唯一方法，就是經常給予自己新的刺激，擴展自己的視野，別讓自己因為小小的成果而志得意滿。

一旦達到了某些目標，人很自然地就會停下來享受努力的成果。

雖然，偶爾停下來休息的確可以補充繼續前進的能量，但是，如果休息的時間太久，那麼前進的能量也會在休息中被慢慢消耗掉，因而讓自己失去繼續前進的動力了。

有一位禪師給徒弟一塊石頭，要他帶去菜市場叫賣。禪師對徒弟說：「不要賣掉它，多聽聽那些人的開價，看看這塊石頭能賣多少錢。」

徒弟乖乖地依照禪師的吩咐去了。在菜市場，有不少人向徒弟開價表示願意買這塊石頭，但是所有人出的價都只不過是幾個硬幣而已，於是，徒弟回來後便對禪師說：「這塊石頭最多只能賣幾個硬幣。」

禪師對他說：「現在你去珠寶商那裡，問問看這塊石頭值多少錢。」

於是，徒弟又乖乖地去找了珠寶商。到了珠寶商那裡，徒弟簡直不敢相信，竟有人出價五萬元！

徒弟不願意賣，珠寶商又繼續抬高價格，從十萬、二十萬一直出到三十萬，徒弟仍然聽從禪師的叮嚀不賣。最後，珠寶商狠下心說：「你要多少就多少，只要你願意賣給我！」

徒弟實在不敢相信這塊石頭能值那麼多錢，他一直認爲，菜市場開出的價格就已經很高了。

徒弟回來跟禪師稟報這個情形，禪師說：「你現在應該知道，不斷提昇自我的價值以及對事物的判斷力是很重要的。如果，你只願意生活在菜市場，那麼你永遠就只有菜市場的視野和想法，而不會擁有更高的價值。」

運動員不練習，他的成績就會退步；畫家不練習，他的技巧就會開始生疏，由此可知，許多能力都是得靠持續不斷地練習才能保持的。

雖然持續地練習不一定保證自己能有所突破，但如果就此停止，那麼絕對連原有的成就都會無法維持。

因此，提昇自己的唯一方法，就是經常給予自己新的刺激，擴展自己的視野，別讓自己因爲小小的成果而志得意滿。

12
PART

把快樂的方向盤掌握在自己手上

真正的快樂應該發自於內心，如果你的心是朝著快樂的方向，那麼，不管環境如何變化，快樂永遠掌握在你的手上。

經過磨練，才能面對挑戰

讓孩子們親自經歷生活的磨練，他們才能明白生活的精采，過多的保護傘，反而會讓他們失去生存的能力。

不論哪個年代的父母親，都希望把最好的東西給自己的孩子。

尤其身爲現代的父母，爲了讓孩子覺得「有面子」，都盡其所能地把最好的物質享受加諸在孩子的身上。

但是，對孩子們的愛，聰明的父母應該有更多的表達方式。

美國知名的喜劇演員戴維‧布瑞納在接受電視台的訪問時，談到「家」是他一切成就的最大原動力。

布瑞納說：「從小，家境的富裕或貧困一直沒有造成我的困擾或自卑。直到我高中的畢業典禮時發生了一件事，才讓我深深感覺，原來自己和別的同學竟然存在著那麼大的差異。」

布瑞納繼續回憶說，當時班上所有的同學都穿著父母爲慶祝他們畢業而送的西裝來參加畢業典禮，有些更有錢的同學甚至還開著新車來，只有他一個人仍然穿著破舊的牛仔褲和襯衫。

那個時候，他的心裡沒有一點畢業的喜悅，只覺得自己爲什麼沒辦法跟別人一樣收到畢業禮物。

等畢業典禮結束，他回到家的第一件事，就是跟他父親說：「爸爸，我今天畢業了，您有畢業禮物要送給我嗎？」

布瑞納的父親沒有說話，只是看著布瑞納，從上衣口袋中取出一樣東西，然後把禮物放在他的手上，原來是一枚硬幣。

父親溫和的告訴他：「拿這枚硬幣去買一份報紙，從頭到尾看一遍，認眞地給自己找一個工作，到這個世界去闖一闖。」

當布瑞納還在遲疑的時候，父親拍了拍他的肩膀，對他說：「孩子，這個世界現在已經屬於你了。」

布瑞納最後告訴記者：「那是我第一次，也是最後一次對我的家庭感到羞恥。當我按照父親的話做了之後，我才發現我父親送我的禮物不是任何名貴西裝或轎車比得上的。因爲我父親給我的，是整個世界，和一片屬於我自己的天空。」

一個人能否創造出一番成就，關鍵往往在於是否懂得用積極樂觀的態度，面對競爭激烈的人生戰場。

如果能適時地選擇正確思想，將能得到極大助益。正因爲心態足以決定成敗，更需要我們時時刻刻將心態調整在最佳狀態。

俗話說：「與其給他魚吃，不如教他如何釣魚。」

讓孩子們親自經歷生活的磨練，他們才能明白生活的精采，如果父母給予他們過多的保護傘，反而會讓他們失去生存的能力。

愛護孩子，就給孩子們正確的價值觀與生活態度。

孩子們跌倒之時，別急著疼惜地上前扶起，不妨先守護在身畔，爲他們加油打氣，如此一來，他們才有機會學習獨立站起來，也更有能力迎向未來的每一次挑戰。

如果你學會了正確的疼愛方式，不僅孩子會有更好的未來，更會有正確的人生態度，自己也一定能享受到身爲父母的喜悅感。

讓愛成爲自己的力量

只有不斷發揮這股愛的力量，讓周遭的人和自己不斷交流，我們才能生活得更自在、更從容。

人之所以能存在於這個世界上，是因爲與其他動物相比，受到哺育和保護的時間要長得多。

一個人終其一生，都會受到各種不同人對我們的疼愛及照顧。因爲有這些支持，所以我們才能生存得比其他動物要好。

考苦學家曾在龐貝古城的遺跡中，挖掘出一對連結成一體的骨骸。

經過科學家的研究，發現這對骨骸是一對母子，母親的身體緊緊抱住懷中的孩子。想必是因爲火山突然爆發，來不及帶著孩子逃出，母親只好用自己的身體護住小孩，只不過，孩子還是無法逃脫被火山熔岩吞噬的命運。

這副骸骨出土之後，引起各界不小的震撼，原來一個母親對孩子的愛，是可以不顧一切到這個地步。這副骸骨，讓我們見識到愛的力量。

同樣的情形，也發生在著名的沉船鐵達尼號上。

有一對老夫婦，帶著他們最心愛的小孫女一起去旅行。小孫女的天眞無邪，使老夫婦的旅途更加輕鬆愉快，多了更多的歡笑。

然而，就在回家的途中，他們卻遇上了沉船的危機。從知道有危險的那一刻起，老太太就片刻不離地把活蹦亂跳的小孫女抱在懷裡。在等待救援的過程中，老先生也不停叮嚀老太太，一定要想辦法抱著孩子逃生，不能讓孩子在生活都還沒開始的時候就失去生命。

老夫婦兩人眼看著船逐漸下沉，只有用盡平生的力氣緊緊抱住孫女嬌小的身體，一起被無情的大海吞噬。

等到老夫婦的屍體從沈船裡打撈上來時，人們驚訝地發現，老太太因爲緊緊將孫女摟在懷裡，導致兩個身體已經連成一體，再也無法分開。

時至今日，這些來自親友的疼愛及照顧，已經不再只是單純的爲了生存而產生的自然法則，而是轉化成支撐我們內心的一股力量。

因爲這股力量，使我們在遇到挫折、失敗之時，不管再傷心難過，卻還是可以再站起來，而且這股力量，是每個人都擁有的。

只有不斷發揮這股力量，讓周遭的人和自己不斷交流，我們才能生活得更自在、更從容。

眞正厲害的人，才不會說自己很厲害

外表的華麗一旦失去了內在的支持，它崩壞的速度，就只在剎那間而已。

在我們週遭的環境充斥著一種現象：越是外表光鮮亮麗的人，內心越是平凡無奇，而有些外表不起眼的人，內在的智慧卻相當豐富。

雖然這個現象不一定是一條定理，但是爲了不要讓自己陷入「以貌取人」的窘境，在評斷一個人的時候，還是不要以第一印象來做決定。

喬治的父親是個很平凡的人，一隻腳還有點跛，喬治總是想不透，爲什麼母親會跟這樣一個毫無優點的人結婚？

有一回，學校舉行籃球比賽，這是喬治的第一場比賽，因此希望母親能來看他打球。

母親聽了，就對喬治說她跟父親兩人都會出席。

喬治連忙搖搖頭，向母親表示自己不希望父親參加。

母親很驚訝，便問喬治爲什麼。

喬治有點不悅地回答說，他不希望同學知道父親是個有缺陷的人。

母親聽了很生氣，正準備要教訓喬治時，父親正好走過來對他們說，這幾天他要出差，沒辦法去看喬治比賽。

母親聽了父親的話，只能深深的嘆了一口氣。

後來，喬治的球隊不負衆望獲得了冠軍，在回家的路上，母親很高興地對喬治說，要是他父親知道了這個消息，一定會很高興。

原本興高采烈的喬治，聽完母親的話，臉色卻沈了下來，對母親說他不希望提到父親。

母親的臉色開始凝重，對喬治說：「孩子，這話我本來不想說的，可是，我如果再隱瞞下去，很可能就會傷害到你的父親。你知道你父親的腿是怎麼跛的嗎？」

喬治搖搖頭，表示不知情。

母親說：「在你兩歲的時候，你父親帶你去公園玩。在回家的路上，有一輛汽車急馳而來，你父親為了保護你，左腿因而被車輪輾過。」

喬治聽完，頓時呆住了。母親嘆了口氣：「你父親不讓我告訴你，就是不希望你因為這件事而感到內疚。」

喬治被這個突如其來的消息震驚得說不出話。

母親接著又說：「還有一件事你也不知道，你的父親就是布萊特，那個你最喜歡的作家。」

喬治更加驚訝了，母親說：「你父親不讓我告訴你這些，是怕影響你的成長。現在你既然知道了，你就應該了解，你父親是多了不起的人。」

喬治萬萬沒有想到，一直以來總是讓自己抬不起頭的父親，竟然會是這麼有名的人物。

眞正了不起的人，因爲明白而且肯定自己的價值，所以不會用身外之物來包裝自己，至於那些粗俗、膚淺的人正好相反，爲了贏得別人的青睞，往往刻意把自己包裝得光鮮亮麗。

如果你不明白這一點，很容易會被外在的矯飾迷惑，看不出誰才是眞正值得你仿效的對象。畢竟，外表的華麗一旦失去了內在的支持，它崩壞的速度，就只在剎那間而已。

自私的結果，往往會落在自己身上

既然自私是無法避免的人類天性，我們所能做的，就只有將自私帶來的壞處減到最低的程度。

自私自利不管在古代還是現代而言，都是一個普遍的社會現象。很多人爲了自己的利益和前途，不擇手段的打擊別人，或者對自己以外的事物不聞不問，漠不關心。

這兩種態度都是現代人自私的表現方式。雖然有人會認爲自私是人的本性，但是以這個理由將自私的行爲合理化的結果，只會讓自己的生活陷入因爲自私而帶來的困境。

越戰結束時，有一個被徵調到越南打仗的士兵打電話給他的父母，對父母說他已經退伍，很快就可以回家跟他們團聚。

父母聽到兒子說的這個好消息，當然非常高興，在電話中表示希望他越快回家越好。

士兵告訴父母說，有一個在越南跟他一起作戰的戰友，也要和他一起回來，父母聽了當然表示歡迎。

可是，士兵接著對父母說，他的這位戰友在戰爭中失掉了一條腿和一隻手臂，希望父母能接納這位戰友，和他們一起共同生活。士兵的父母聽完士兵的敘述，就告訴士兵說，雖然他們很歡迎他的戰友來家裡，可是他們沒有辦法接受跟他一起生活。

父母說，只剩下一條腿和一隻手臂的人，只會造成家人沉重的負擔，他們沒有辦法跟殘廢的人共同生活。最後，父母建議士兵要這位殘廢的戰友設法解決自己的生活問題。

士兵聽完父母的話之後，就把電話掛了。

誰知道，過了幾天，警方竟然找上門，通知士兵的父母，說他們的孩子在他們家附近自殺了。

傷心欲絕的父母趕忙前去認屍，令他們大爲震驚的是：他們的孩子只有一條腿和一隻手臂！

原來，士兵在電話裡提到的在戰爭中失去一條腿和一隻手臂的戰友，就是說他自己。

一個人的心胸是否寬廣，決定了他的世界大小。

不要像故事中的士兵因爲失去手腳就心存自卑，小看自己，同時也不要像士兵的父母吝於幫助需要幫助的人。

既然自私是無法避免的人類天性，我們所能做的，就只有將自私帶來的壞處減到最低的程度。

降低壞處最好的方法，就是改變我們的思考方式，不要只顧著自己的立場，也要記得換個角度替別人著想。

也許，這並不是一件容易的事，可是一旦我們能夠做到這一點，就能夠避免自私自利帶來的傷害。畢竟，自私自利或許會帶來暫時的好處，但那是不可能會長久的。

不要讓「精明」蒙蔽自己的眼睛

精明的人反而容易吃虧，是因為精明的人太相信自己的判斷，總認為所有的事情都會隨著他們所預料的情形發展。

精明不是一件壞事，只要不要讓「精明」蒙蔽自己，精明就能成爲保護自己的一個最好方式。

著名的安徒生童話裡，就有一則叫《老頭子總是不會錯》的童話故事，告訴我們自以爲精明的人最後總是吃虧。

有一對貧窮的老夫妻，想把家中唯一值錢的一匹馬拉到市場上去變賣，換些更有用的東西回來。

老先生牽著馬去市場，先跟別人換了一條母牛，然後用母牛去換了一頭羊，再用羊換來一隻鵝，又用鵝換了一隻母雞……換到最後，得到的卻是一大袋的爛蘋果。

但是，每一次的交換，老先生都覺得很值得。

當老先生扛著一個大袋子來到一家小酒館休息時，遇上兩個商人。商人聽了老先生用馬換爛蘋果的經過之後，不由得哈哈大笑，幸災樂禍地說他回去一定會被太太痛罵一頓，但是，老先生堅持他太太絕對不會這樣對待他。

於是，商人就用一袋金幣作賭注跟老先生打賭，對老先生說如果他回家沒有受到太太任何責備，這袋金幣就屬於他的。老先生同意了，這兩個商人就跟著老先生一起回家。

老太太見老先生回來了非常高興，又是倒茶又是遞毛巾的。老先生便把在市場上交換的經過逐一講給老太太聽。

令商人驚訝的是，老太太每一次聽到老先生換的東西時，總是非常肯定老先生的選擇。

說到換了一頭母牛，老太太就說：「哦，我們有牛奶喝了。」說到換了一頭羊，老太太就說：「羊奶也很好喝。」說到換了一隻鵝，老太太就說：「我們會有漂亮的鵝毛！」

不論換到什麼東西，老太太都是一副非常高興的樣子。最後，聽說老先生背回一袋開始腐爛的蘋果時，老太太依然很高興地大聲對老先生說：「我們今天晚上有蘋果餡餅可以吃了！」

就這樣，兩個商人輸給老先生一袋金幣。

作家英格麗曾經寫道：「如果我將別人過去對我的閒言閒語都放在心上，那麼我就不可能擁有現在的成就。」

我們雖然無法阻止別人輕視自己，但是我們卻可以提醒自己千萬不要跟著別人一起小看自己，因爲，只要我們不「小看自己」，我們就會發現自己原來也可以做到自己以前根本不可能完成的成就。

每個人的價値觀會因爲成長的環境而有所不同，不能因爲別人的價値觀跟你不一樣就加以否定，也不要嘲笑那些價値觀跟你不同的人。否則，下場也許會跟那兩個自以爲精明的商人一樣，成爲眞正吃虧的人。

精明的人反而容易吃虧，是因爲精明的人太相信自己的判斷，習慣用自己去度量別人，總認爲所有的事情都會隨著他們預料的情形發展。可是，現實世界中，事情的發展卻往往不像精明的人預期的那樣。

如果兩個商人願意相信世界上有像這對老夫婦一樣不去計較的人，他們就不會因此輸掉一袋金幣了。

不要讓自己的愛變成傷害

「愛」的最大致命傷，就是自以為是。只有學習如何寬容的來看待愛，悲劇才有可能不再繼續上演。

愛有很多種類，每個人都知道對家人、情人、朋友等不同的人時該表現出怎麼樣的愛。

可惜的是，大多數人都懂得愛的表現方式，卻不懂得拿捏愛的分寸，使得許多原本應該讓人幸福的感情，最後以悲劇收場。

有七個旅行家和一個生物學家結伴到南太平洋的加拉巴哥島考察，這個海島上有許多太平洋綠海龜用來孵化幼龜的巢穴，他們想實地觀察幼龜離巢的情形。

太平洋綠龜大約一百五十公斤左右，但是幼龜體重卻不及牠的百分之一。一般而言，幼龜離巢，爬向大海的時期是每年的四五月之間，因爲幼龜的體型嬌小，所以從龜巢爬到大海的過程中，一不注意就可能成爲徘徊在島上的禿鷹等食肉鳥的食物。

這一群人到達島上時，很快就發現一處大龜巢，他們靜靜地在旁邊觀察著。突然，從巢裡探出一隻幼龜的頭，似乎在偵察外面是不是安全，這個時候，一隻盤旋在空中的禿鷹發現幼龜的蹤影，馬上衝到地面，用利嘴啄幼龜，企圖把幼龜拉出巢穴。

在旁邊觀察的旅行家緊張地看著幼龜奮力掙扎，其中一個人急著對生物學家說：「你快想想辦法啊！不然幼龜會被吃掉的。」

誰知，生物學家竟然若無其事地回答：「這是大自然的生存規則，我們不能加以破壞。」

這七個旅行家很生氣生物學家的無動於衷，於是不顧他的阻止，隨即衝出去趕走禿鷹，抱起幼龜走向大海。

就在旅行家抱走幼龜後不久，成群的幼龜立刻從巢中魚貫而出。原來，被抱走的幼龜是整群幼龜的「偵察兵」，一旦遇到危險，牠便會返回龜巢通風報信。現在負責偵察的幼龜被引向大海，巢中的幼龜便以爲外面很安全，於是紛紛爬向大海。

在爬向大海的沙灘上毫無遮蔽，這群幼龜很快引來許多禿鷹，剎那間，數十隻幼龜成爲這些禿鷹口中的食物。

旅行家們被這幅景象嚇住了，個個手足無措的站在原地。

生物學家見狀，立刻迅速抓起數十隻幼龜奔向大海，這時旅人們才如大夢初醒，急忙跟著生物學家的動作，不斷來回奔跑，儘量拯救其他的幼龜，算是對自己過錯的一種補償。

動物世界和人類社會每天都上演著弱肉強食、優勝劣汰的殘酷競爭。或許我們無法改變環境，但我們可以選擇少一點自以爲是的態度。

「愛」的最大致命傷，就是自以爲是。一味用自己認爲最好的方式來愛人，結果往往就會像那群旅人一樣，造成難以彌補的傷害。由社會新聞中常常出現的感情糾紛，我們就可以知道「自以爲是」的殺傷力有多驚人。

只有學習如何寬容的來看待愛，悲劇才有可能不再繼續上演。

把快樂的方向盤掌握在自己手上

真正的快樂應該發自於內心，如果你的心是朝著快樂的方向，那麼，不管環境如何變化，快樂永遠掌握在你的手上。

現代人不快樂的原因，大部分都是源自受制於想法和環境，沒有找到適合自己的生活方式。

尤其在經濟不景氣的時候，想要像平常一樣，依照自己的喜好過生活，更是難上加難。

然而，如果你的快樂與否，完全取決於環境的變化，那麼，你必定會充滿自卑，離快樂越來越遠。

著名的《伊索寓言》中，有一個關於鄉下老鼠和城市老鼠的故事，頗能給我們一些啓示。

城市老鼠和鄉下老鼠是好朋友，有一天，鄉下老鼠寫了一封信給城市老鼠，信上寫著：「我誠懇地請你到鄉下來玩，這裡可享受鄉間的美景和新鮮的空氣，生活非常悠閒自在，隨時歡迎你來。」

城市老鼠接到信之後，立刻動身前往鄉下，到了鄉下，鄉下老鼠連忙拿出很多大麥和小麥等糧食招待牠。

城市老鼠一看，對鄉下老鼠說：「你怎麼能一直過這種生活呢？住在這裡，一天到晚只能吃些大麥、小麥而已，其他什麼也沒有！還是到我家來玩吧，我會好好招待你的。」

鄉下老鼠於是就好奇地跟著城市老鼠進城。

鄉下老鼠看到城市老鼠住在豪華的房子裡，心中不禁感到非常羡慕。牠想到自己住在貧窮的鄉下，必須辛苦過日，從早到晚都在農田上自己尋找食物，連冬天還要到寒冷的雪地上收集糧食，和城市老鼠比起來，鄉下的生活實在太不好了。

城市老鼠帶著鄉下老鼠到餐桌上享受美味的食物，就在牠們吃得津津有味的時候，「砰」的一聲，有人開門走了進來。

兩隻老鼠嚇了一大跳，馬上驚慌失措地溜進牆角的洞裡，鄉下老鼠還因此嚇得沒有了食慾。

看到這種情形，牠就對城市老鼠說：「還是鄉下平靜的生活比較適合我，這裡雖然有豪華的房子和美味的食物，但與其每天都緊張兮兮怕被人發現，倒不如回鄉下吃麥子還比較快樂。」

鄉下老鼠就這樣離開都市，回鄉下去了。

故事中的兩隻老鼠，必須生活在自己熟悉的環境中才會覺得快樂，這表示他們的快樂受制於環境，一旦環境發生了變化，心境馬上受到影響，因此算不上眞正的快樂。

眞正的快樂應該發自於內心，如果你的心是朝著快樂的方向，那麼，不管環境如何變化，快樂的方向盤永遠掌握在你的手上。

一個懂得將眼光放遠的人，世界將無比遼闊，絕對不會像眼光狹窄的人，一味沾沾自喜於眼前的一丁點成就，動輒患得患失，他會讓自己站得更高，看得更遠，望向更寬廣的視野。

掌握自己的心靈方向，得到的快樂才會長久。

不要活得像不見天日的土撥鼠

不要讓自己活得像一隻不見天日的土撥鼠，這樣一來，不但你不會覺得生活無趣，也會提升自己的工作效率。

常常有人抱怨自己的生活了無樂趣，其實，生活週遭存在著很多美好的事物，只是因爲我們太過忙碌，沒有時間停下來好好欣賞而已。

長此以往，我們的生命自然只剩下一個空空洞洞的軀殼，只會跟隨著時間而移動、打轉而已。

一個春光明媚的早晨，一隻小鳥正在樹枝上引吭高歌，森林裡到處迴盪著小鳥清脆甜美的歌聲。

就在這個時候，一隻正在地底下埋頭挖洞的土撥鼠，很不耐煩地從土裡探出頭，大聲對小鳥說：「喂，拜託你能不能不要再唱了，你不覺得你的歌聲很吵嗎？」

小鳥停止了唱歌，回答土撥鼠：「我為什麼不能唱歌呢？你看，森林的空氣是多麼新鮮，春天的景色這麼優美，陽光又這麼燦爛。生活在這個可愛的世界裡，我實在無法不用歌聲來表達我心中的喜悅啊！」

「是嗎？」土撥鼠充滿懷疑地問：「這個世界會可愛？根本不可能，你不要騙我！我挖遍了世界各地的土壤，只發現了草根和蚯蚓而已，我沒有看過除此之外的其他東西。真的，這個世界沒有你說的那麼好。」

小鳥對土撥鼠說：「那是因為你一直都躲在地底，從來沒有上來看看這個世界。只要你願意爬到地面，看到美麗的大自然景色，呼吸一下新鮮的空氣，你就會認同我的話，這個世界是非常美好的！」

工作是生命的一部分，但不會是全部。

所以，當你像土撥鼠鎮日埋首於工作的時候，別忘了偶爾給自己放個假。在密密麻麻的行程裡，爲自己留一點自由呼吸的時間，千萬不要讓自己活得像一隻不見天日的土撥鼠。

這樣一來，不但你不會覺得生活無趣，也會提升自己的工作效率，日子會變得更充實。

憤怒是情緒的地獄

所謂的控制，並不表示必須壓抑自己的情緒，而是以理智的言行抒發、表達自己的意見。

憤怒不但會影響一個人的人際關係，也會影響到一個人的健康。一個容易發脾氣的人，除了很難受到別人歡迎之外，也等於直接告訴別人，自己是個不成熟的人。

從前，有一位名叫重信的武士，曾經前去向著名的白隱禪師請教。

武士問禪師說：「請問，是不是眞的有地獄和天堂？如果眞的有的話，您能不能帶我去參觀？」

白隱禪師聽完，問他：「你是做什麼的？」

武士回答：「我是一名武士。」

「你是一名武士？」禪師大聲地說：「你這個樣子還能當武士？有哪個愚蠢的諸侯會希望你成爲他的家臣？看看你的外表，簡直就像個討飯的乞丐！」

「你說什麼？」重信一聽到禪師充滿侮辱的批評，忍不住怒氣上湧，立即伸手拔出腰間的刀指著禪師，大喝道：「你剛剛說的話，有本事就再說一次！」

禪師繼續火上加油地說：「我不相信你敢殺我，你才沒有那個膽子！」

重信勃然大怒，「鏗」的一聲就往白隱禪師身旁砍去。

這個時候，禪師神色自若地看著重信，「現在的你，就是置身在地獄！」

刹那間，重信明白禪師並不是故意侮辱他，恢復了理智，覺察到自己的冒失無禮，連忙收起刀，謙卑地向白隱禪師道歉。

白隱禪師這才溫和地對重信說道：「現在的你，就是身處於天堂！」

要想維持和諧的人際關係，控制自己的情緒是很重要的。

但是，所謂的控制，並不表示必須壓抑自己的情緒，而是以理智的言行抒發、表達自己的意見。

在憤怒情緒中所做的決定，往往會在怒氣過後感到後悔。

所以，爲了避免錯誤的決定所造成的遺憾，我們必須隨時提醒自己保持冷靜及平和的心情，那麼，久而久之，就能慢慢變成一種習慣了。

別讓現在的你，
對不起將來的自己

克服自己的弱點，
是邁向成功的重要關鍵
You
can also
change your future

戴爾．卡耐基曾說：**「當命運交給我們一個檸檬的時候，試著去做一杯檸檬水。」**
心態會影響一個人的未來，未來能不能成功、是否感到幸福，往往取決於現在面對各種環境的心態。
眼前的際遇不如己意的時候不要氣餒自卑，遭遇困難挫折的時候不要輕易放棄，要用積極樂觀地開創自己的未來，千萬別讓將來的你，埋怨現在缺乏信心、不願改變的自己！

文蔚然 **編著**

生活良品

28

改變情緒，就能改變自己

作　　者　千江月
社　　長　陳維都
藝術總監　黃聖文
編輯總監　王　凌
出 版 者　普天出版家族有限公司
新北市汐止區忠二街 6 巷 15 號
TEL / (02) 26435033 (代表號)
FAX / (02) 26486465
E-mail：asia.books@msa.hinet.net
http://www.popu.com.tw/
郵政劃撥 19091443 陳維都帳戶
總 經 銷　旭昇圖書有限公司
新北市中和區中山路二段 352 號 2F
TEL / (02) 22451480 (代表號)
FAX / (02) 22451479
E-mail：s1686688@ms31.hinet.net
法律顧問　西華律師事務所・黃憲男律師
電腦排版　巨新電腦排版有限公司
印製裝訂　久裕印刷事業有限公司
出 版 日　2021 (民 110) 年 4 月第 1 版
ＩＳＢＮ◉978-986-389-768-2　條碼 9789863897682

國家圖書館出版品預行編目資料

改變情緒，就能改變自己／
千江月著.—第 1 版.—：新北市,普天出版
民 110.4 面； 公分. - (生活良品；28)
ＩＳＢＮ◉978-986-389-768-2 (平裝)

普天之下・盡是好書

普天 出版家族 Popular Press Family

淩雲 A-Plus Creative Company 文創